1, 2, 3, Priez !

Éditions Eyrolles
61, bd Saint-Germain
75005 Paris
www.editions-eyrolles.com

Mise en pages : Florian Hue
Relecture/correction : Sophie Legras et Amélie Poggi

Crédits iconographiques :
Shutterstock : ZinetroN 18, 25, 44, 50, 87, 89, 123, 154, 156, 185, 188 ; Chikovnaya 27 ; Arelix 46 ; Dancake 54 ; Marish 110, 131 ; sweet kiwi 161 ; Mio Buono 195, 197, 238 ; Valedi 216 ; Ekosuwandono 244 ; NadezhdaShu 246

Crédit musical (musique de fond dans les prières audio) : FAPI

Depuis 1925, les éditions Eyrolles s'engagent en proposant des livres pour comprendre le monde, transmettre les savoirs et cultiver ses passions ! Pour continuer à accompagner toutes les générations à venir, nous travaillons de manière responsable, dans le respect de l'environnement. Nos imprimeurs sont ainsi choisis avec la plus grande attention, afin que nos ouvrages soient imprimés sur du papier issu de forêts gérées durablement. Nous veillons également à limiter le transport en privilégiant des imprimeurs locaux. Ainsi, 89 % de nos impressions se font en Europe, dont plus de la moitié en France.

ISBN : 978-2-416-01160-3

Dimitri Oules

1, 2, 3, Priez !

92 prières laïques
et poétiques pour
vous connecter à l'Univers

Éditions
EYROLLES

Sommaire

Introduction

Pourquoi prier ?

Au sein de notre société occidentale, depuis l'ère de l'industrialisation, l'homme s'est plus focalisé sur la quantité que sur la qualité. Nous avons été de plus en plus attirés par la forme de ce qui nous entoure (notre physique, notre statut social, notre habitation, nos possessions) plutôt que par le fond (notre bien-être, notre identité, notre planète, nos valeurs). Nous nous sommes enchaînés à la rapidité pour nous débarrasser de la lenteur. Nous avons voulu enterrer le temps.

Et malgré notre technologie avancée, malgré nos découvertes scientifiques majeures, malgré notre productivité et malgré nos efforts constants pour nous faciliter la vie à l'aide de notre intelligence, nous n'avons jamais autant pensé que la vie était compliquée. Car nous avons préféré penser, réfléchir et ressentir avec notre tête plutôt qu'avec notre cœur. Et les burn-out, les déprimes, les dépressions, les angoisses, le stress, les somatisations et l'apathie ne sont que le début d'une longue liste qui reflète les conséquences de ce choix. C'est pour cela qu'aujourd'hui, que l'on soit croyant ou athée, on n'a jamais eu autant besoin de spiritualité, d'espoir et de méditation. La prière réunit tout cela pour vous proposer un voyage intérieur nécessaire. La prière est un héritage ancestral qui remonte aux premiers hommes. Elle a toujours été présente quelles que soient les époques, les cultures et les religions. Et même si pendant longtemps, vous pensiez l'avoir oubliée ou mise de côté, eh bien détrompez-vous ! Car la prière n'a jamais totalement quitté votre vie. Quand vous soufflez vos bougies en faisant un vœu pour votre anniversaire, vous priez. Quand vous faites un souhait en voyant une étoile filante, vous priez. Quand vous suppliez à voix haute de retrouver un objet perdu, vous priez. Quand vous chantez pour extérioriser une émotion, vous priez. Quand vous écrivez vos émois dans votre journal intime, vous priez.

Nous prions très souvent sans même nous en rendre compte, car c'est dans notre nature. Nous prions inconsciemment, et il est peut-être temps, maintenant, de le faire en conscience.

Car la prière est essentielle pour nous reconnecter à notre intériorité ! Elle est le meilleur outil pour mettre en lumière nos profondeurs. L'être humain a besoin de sens dans sa vie et la prière est le trait d'union entre les deux. La prière nous donne la possibilité d'ouvrir notre conscience sur nous-mêmes, les autres et le monde. Elle nous permet de ramener du sacré dans nos journées. Elle nous pousse à écouter le chant subtil de notre âme pour remettre notre aspect spirituel à sa juste place. Car, ne l'oublions jamais, nous sommes un corps et nous sommes incarnés, mais nous sommes aussi une âme d'essence divine.

Et dans nos styles de vie toujours plus rapides et bruyants, la prière nous invite à honorer ces deux parties de notre être. C'est une habitude qui va alors nous permettre de prêter attention à notre rythme et de nous respecter. Elle devient donc une routine réconfortante et un rituel de bien-être.

Saviez-vous d'ailleurs que, d'après une étude parue dans la revue *Social Neuroscience,* la prière renforcerait le circuit de la récompense dans notre cerveau ? Ce qui prouve qu'elle est un véritable cadeau qui nous permet d'aller mieux. Car la prière déjoue toutes les guerres égotiques qui se livrent en nous. Elle plante les graines pour qu'éclose en nous ce que nous recherchons tous : la paix intérieure.

Qu'est-ce que la prière ?

La prière est un acte de foi et d'amour. Et ce n'est certainement pas un acte religieux comme beaucoup peuvent le penser. Oui, il existe bien évidemment des prières religieuses provenant de différentes religions avec leurs dogmes et leurs croyances. Mais moi, je vous parle de prière laïque et universelle. Je vous parle de prière libre et personnelle.

Ces prières expriment la confiance en vous, en la vie et en l'Univers. C'est une conversation avec votre cœur. C'est un dialogue avec votre âme. C'est un cadeau qui vous permet de goûter à l'instant présent. Elle est un appel à votre propre force intérieure. La prière vous permet de vous reconnaître en tant qu'être lumineux. Elle projette votre énergie en allant chercher votre essence profonde.

Son énergie est créatrice ! C'est une pensée énergétique qui influe sur notre réalité. Elle est incontestablement l'alliée de la loi de l'attraction, peut-être en est-elle même son origine. Puisque la prière, c'est avant tout l'intention la plus puissante que vous pouvez poser. Elle incarne la magie du verbe. Elle transforme notre parole en incantation. Elle offre à notre voix un véritable pouvoir. Grâce à cela, elle met en lumière vos souhaits les plus chers, vos vœux les plus sincères et vos demandes les plus authentiques. Elle crée votre réalité, elle soulage vos peines, elle apaise vos douleurs, elle calme vos angoisses, elle soutient vos efforts, elle réconforte votre enfant intérieur, elle vous donne de l'amour, elle chasse vos doutes et elle éloigne vos peurs. Elle crée de véritables miracles ! Elle est sans hésitation la gardienne de vos rêves et la maîtresse de vos espoirs. Elle reflète votre gratitude et incarne vos SOS. C'est une méditation douce et intense à la fois. La prière ne suit aucune règle et n'impose aucune contrainte. Prier, c'est chanter pour l'étoile que vous êtes. Prier, c'est danser un instant avec l'Univers.

Où, quand, comment prier ?

La prière est une réponse en toute occasion et une pratique possible à tout moment. Vous pouvez prier chez vous dans votre lit, face à votre miroir ou sous votre douche. Vous pouvez prier dans la rue, dans les transports en commun ou sur votre lieu de travail. Vous pouvez prier à la mer, à la montagne, en ville comme à la campagne. En réalité, vous pouvez prier où vous le souhaitez. Le lieu importe peu, même si vous pouvez bien évidemment vous créer un petit autel ou un espace que vous considérerez comme votre sanctuaire. Que vous décidiez de prier le matin, le soir ou en plein milieu de la journée, cela n'a aucune importance et aura le même impact. Il n'y a pas de bon ou de mauvais moment pour se mettre à prier. C'est une évidence que lorsque rien ne va dans votre vie ou qu'une situation vous malmène, la prière se révèlera un soutien et une aide précieux. Mais sachez que la prière est tout aussi bénéfique lorsque vous la pratiquez quand tout va pour le mieux dans votre existence. Elle est un atout pour partager votre gratitude et votre reconnaissance.

Prier debout, assis ou allongé importe peu tant que vous êtes à l'aise. Votre position corporelle ne compte pas, c'est la position des aspirations venant de votre cœur qui compte réellement. C'est votre intention qui est la clé de la réussite. Ce sont les émotions et les sentiments que vous projetez sur vos mots qui créent une réelle prière. Prier en conscience, c'est tout ce dont vous avez besoin pour que vos prières soient entendues. Vous l'aurez donc bien compris : les bougies, l'encens, la musique douce et l'isolement ne sont que des éléments de décor qui ne sont absolument pas obligatoires, sauf si cela vous permet d'avoir une meilleure connexion avec vous-même.

Vous pouvez prier seul, mais aussi à plusieurs. Cela permet de créer du lien et de développer votre compassion envers autrui. Une grande solidarité se dégage de ces prières collectives. De plus, prier en groupe décuple la puissance de la prière et permet d'avoir une manifestation plus rapide. C'est ce que l'on appelle l'effet de l'égrégore. Faites juste attention de partager ces moments de recueillement avec des personnes de confiance et qui vibrent de la même intention que la vôtre.

Courte ou longue, simple ou sophistiquée, votre prière sera toujours légitime. Que vous choisissiez de réciter une prière de votre propre création ou une déjà existante, comme celles que je vais partager avec vous, vous ne vous tromperez jamais tant que vous la sentirez résonner en vous.

Écrite, pensée ou dite, la prière devient vivante. Donnez-lui vie en adoptant le moyen qui est le plus fluide et le plus naturel pour vous. Vous pouvez la lire une seule fois si cela vous suffit, comme la répéter autant que nécessaire. La prière dans son mode d'emploi ne demande que de l'authenticité.

Qui prier ?

Ceci est peut-être la question la plus essentielle à vous poser. Encore une fois, c'est une question de sensibilité et de ressenti. Déjà, il est important de savoir que votre prière est une offrande immatérielle. C'est une bénédiction que vous faites. C'est un présent subtil que vous donnez. Soit c'est une attention que vous vous portez, soit c'est un geste que vous faites pour autrui. Elle peut s'adresser à vos proches (les amis, la famille, les collègues, l'animal de compagnie, un défunt) comme à des inconnus (les miséreux, les oubliés, les animaux, l'humanité tout entière).

Mais le principal destinataire de votre prière, c'est à vous de le trouver. C'est à vous de découvrir cette vibration avec laquelle vous allez échanger et partager profondément. Donc récitez, écrivez, pensez à la prière en vous connectant à l'énergie qui vous parle le plus. Si la connotation religieuse qu'il peut y avoir derrière le mot « Dieu » vous déplaît, remplacez ce nom par un autre. Il faut que vous soyez en accord avec vos croyances. C'est pour cette raison que toutes mes prières commencent par : « Source de toute vie, source de toute lumière, source de l'Univers... »

Car, quoi qu'il en soit, en priant, je m'adresse à plus grand que moi.

Et c'est ce qu'il faut que vous compreniez. La prière est votre signature spirituelle. La prière est le pont entre vous et l'inconnu. Elle est le lien avec l'invisible. C'est la porte ouverte sur l'origine sacrée. C'est celle qui nous permet d'attraper l'étincelle de vie. Alors, n'ayez pas de limites et laissez entrer ce qui fait battre votre cœur.

Priez vos guides, vos anges, votre animal totem, vos ancêtres, Dieu, la lumière, l'Univers, votre âme, le grand tout, la source, la terre, l'amour. Peu importe le nom que vous lui donnez. Ce qui compte sincèrement, c'est la vérité à laquelle vous décidez de vous lier. C'est ce que vous ressentez au plus profond de votre être qui est la réponse la plus juste.

Mon expérience !

La prière est rentrée dans ma vie pour la toute première fois en 2019. Un an avant que je n'apprenne que j'avais un cancer. Comme quoi, l'Univers met toujours sur notre chemin ce dont nous avons ou allons avoir besoin. Je le dis souvent, il n'y a jamais de hasard et nous ne sommes jamais vraiment seuls. Et, pour moi, la prière a légitimé cette affirmation. Pourtant, malgré mon hypersensibilité, avant ces trois dernières années, je n'avais jamais prié de ma vie. Même si ma maman, elle, prie tous les jours depuis sa plus tendre enfance. Je crois en réalité que j'avais peur d'être associé à une religion en le faisant. Car, bien que je sois baptisé, je ne me suis jamais considéré comme catholique. Et je n'ai jamais voulu de cette étiquette qui ne représentait pas, à mon sens, mes réelles croyances.

Mais comme je vous l'ai avoué plus haut, la prière est dans notre nature.

Je priais donc depuis bien longtemps sans le savoir et c'est peut-être votre cas aussi. La prière était dans ma vie, mais se dissimulait sous une forme poétique. Depuis tout petit, avec mon âme d'artiste et mon esprit rêveur, j'écrivais des poèmes sur ce que je ressentais, sur mes rêves et mes envies. En réalité, mes poésies étaient des prières silencieuses que je n'avais jamais osé prononcer à haute voix.

Et c'est durant cette fameuse année 2019 que l'Univers m'a envoyé des signes pour sortir de mon silence. La vie a fait en sorte de me faire réaliser tout ça et je l'ai donc écoutée. Je me suis mis immédiatement à prier en conscience à l'aide de mes écrits intuitifs. J'ai utilisé la magie des mots et la liberté de l'écriture pour créer mes propres prières et mes propres formules magiques pour qu'il n'y ait aucune connotation religieuse.

Au départ, je me suis mis à prier tous les soirs avant d'aller dormir. Et là, ma vie a littéralement changé ! Tout est devenu plus simple, plus fluide. Mes choix sont devenus plus faciles à faire. Abandonner certaines personnes et certaines situations est devenu une évidence. Une motivation et une envie nouvelle pour des passions nourrissantes sont apparues. Mes désirs se réalisaient presque sans effort. Un sentiment de paix m'enveloppait jour après jour. La sensation de trouver un sens à ma vie était là pour la toute première fois. C'était comme si j'avais ouvert une porte sur un monde de beauté et de grâce. Je voyais enfin les opportunités et tout mon potentiel. J'avais l'impression de sortir d'un très long sommeil et d'enfin quitter mes cauchemars. J'étais comme devant un miroir qui me renvoyait le reflet de mon âme. Je me voyais pour la toute première fois. Et le monde autour de moi devenait un spectacle magique et envoûtant dans lequel je voulais avoir un rôle. Je m'incarnais enfin ici et maintenant !

Je ressentais tant d'enthousiasme et d'excitation que j'ai commencé à partager mes prières sur mon compte Instagram O.DIMII. Et vous avez été réceptifs ! C'est pour cette raison qu'aujourd'hui est né ce recueil ! J'ai envie de partager avec le plus grand nombre ce qui m'a réveillé, ce qui m'a sauvé, ce qui m'a comblé. J'espère honnêtement qu'il en sera de même pour vous à travers votre lecture et votre pratique. Pour ceux qui ne seraient pas entièrement ouverts au concept de la prière, n'hésitez pas à lire celles que je propose comme des poèmes spirituels. Belles prières et bon voyage !

Créer une prière ?

S'il arrive qu'à un moment donné vous ne trouviez pas la prière adéquate dans ce recueil, dites-vous que bien souvent la prière la plus judicieuse est la vôtre. Je vais donc partager avec vous ma manière personnelle de créer une prière. Premièrement, il est important de vous installer dans un lieu où vous vous sentez à l'aise et en sécurité. Cela peut être en intérieur ou en extérieur tant que c'est un endroit qui vous permet de vous connecter à vos ressentis. Puisque, ensuite, vous devez arriver à définir votre besoin immédiat, votre envie du moment. Posez-vous les questions suivantes : est-ce une demande ou une offrande que vous allez faire ? Voulez-vous de l'aide ou voulez-vous apporter la vôtre ? Cette prière vous est-elle destinée ou est-elle pour quelqu'un d'autre ? Une fois que vous avez bien déterminé votre intention, installez-vous confortablement.

Je vais maintenant vous parler de ma méthode de création, que vous n'êtes pas obligé de suivre. J'utilise systématiquement le champ lexical de l'énergie mise en avant dans ma prière, que je vais associer à une liste de mots qui me seront venus naturellement à l'esprit, car ils ont pour moi une haute vibration ou qu'il y a un fort égrégore qui se cache derrière. Ils forment la base de la prière, ce sont eux qui vont l'activer. Évidemment, j'évite le plus possible les mots à consonance négative. Mais s'il m'arrive d'en sélectionner, je fais en sorte de leur donner un aspect positif en jouant sur la tournure de la phrase. En réalité, j'essaye à chaque fois d'entendre le chant du mot et j'accueille l'image qu'il me donne. Je vois les mots que je choisis comme de beaux fils de couleur, que je tâche ensuite de coudre entre eux pour former le plus somptueux des arcs-en-ciel.

Par exemple, si j'ai pris conscience que je voulais écrire une prière sur la guérison, cela donne ceci :

Champ lexical positif	**Champ lexical négatif**	**Mots à haute vibration**
Santé	Maladie	Vie
Guérison	Souffrance	Force
Soigner	Blessure	Énergie
Cicatriser		Vitalité
Remède		
Médecine		

Puis, en silence ou avec une musique inspirante, devant ma feuille de papier ou devant mon ordinateur, je plonge pendant deux ou trois minutes dans des exercices de respiration. Pour finalement me lancer et laisser la magie opérer. Vous remarquerez que presque toutes mes prières sont écrites en rimes. Soit un mélange entre prière, poésie et incantation. Cela n'est absolument pas une obligation pour vous. Donnez vie à vos prières tel que vous êtes. Moi, je suis un poète, donc mes prières sont poétiques. Mais en aucun cas cela ne signifie qu'elles sont meilleures ou plus belles. Dans ce processus de création, gardez ces valeurs près de votre cœur : l'authenticité et la bienveillance. Une prière ne se juge pas, jamais !

1, 2, 3, priez !

Les prières que je partage avec vous dans les pages suivantes sont mes prières personnelles. Vous y retrouverez des prières pour votre vie quotidienne. Certaines pour attirer une émotion ou une énergie. D'autres, au contraire, pour vous protéger et rejeter un comportement ou une situation. Il y en a aussi pour cibler des événements importants de votre vie ou des périodes transitoires précises.

Elles ont résonné en moi quand j'en ai eu le plus besoin. Je les ai entendues dans mon cœur au moment opportun. Avec légèreté, elles ont pris forme dans mon esprit. Et elles ont pris réellement vie avec la magie du son. Car, bien souvent, je les ai écrites en écoutant de la musique. Et leurs naissances ont systématiquement présenté un aspect thérapeutique qui m'a fait beaucoup de bien. J'espère que parmi toutes les prières présentes dans ce recueil, il y en aura au moins une qui vous apportera un mieux-être. J'espère réussir à vous faire toucher du doigt la puissance de la prière. Je souhaite sincèrement qu'à travers elles vous trouviez la lumière dans l'obscurité. J'aimerais du plus profond de mon âme qu'elles constituent un appui solide quand vous êtes sur le point de vous effondrer. Je désire qu'elles soient un repère dans vos tempêtes. Je veux vous apporter par ces prières des vagues de douceur et cajoler vos cœurs. Qu'elles deviennent, comme pour moi, vos amis fidèles et votre force. Qu'elles vous permettent de voir et de ressentir la beauté cachée qui vous entoure. J'attends d'elles qu'elles vous reconnectent à votre propre magie et qu'elles vous fassent prendre conscience de la bienveillance de l'Univers. Alors priez et changez le monde comme les magiciens et magiciennes que vous êtes. Avec tout mon amour, je vous souhaite le meilleur et l'extraordinaire.

Petit secret !

Si vous n'avez pas le temps, l'énergie ou que vous avez peur de vous lancer en pensant mal faire, n'hésitez pas à écouter les audio des prières pour vous en imprégner malgré tout. Le pouvoir des mots est aussi dans le son. Vous avez juste à flasher le QR code pour profiter de vos prières comme d'une méditation.

https://www.editions-eyrolles.com/dl/0101160

La prière est source de grandes manifestations.

Pourquoi réciter votre prière trois fois ?

Il s'agit toujours d'une question d'énergie. Et le chiffre 3 a une énergie bien particulière. Trois couleurs primaires (bleu, rouge, jaune), trois états de la matière (solide, liquide, gazeux), trois règnes de la nature (minéral, végétal, animal), trois temps (passé, présent, futur), triade familiale (mère, père, enfant), trois dimensions (Gaïa/la terre, l'homme/l'humanité, le ciel/l'Univers)… le 3 est le chiffre de la création et de l'unification. Il permet de créer et de communiquer tant sur le plan visible qu'invisible.

Tout comme le 3 correspond dans le tarot à l'arcane de l'impératrice, qui est aussi le symbole de la créativité, de l'abondance et de l'expression. Et, dans la géométrie, le 3 représente le triangle, c'est-à-dire l'union et l'équilibre des opposés pour créer une base solide et atteindre alors une belle élévation spirituelle.

Donc, selon votre ressenti, vous pouvez réciter votre prière une seule fois comme dix fois, mais trois fois est pour moi l'idéal.

Partie 1

Prières du vivant

Pour s'unir à la nature (Terre-Mère)

Les prières des quatre éléments

Quatre énergies pour un équilibre parfait

Les quatre éléments sont les premiers constituants de la matière. Ils ont modelé le monde pour y créer la vie, et leur identité se retrouve en chaque être vivant. Vous avez tous un état et une énergie prédéfinis selon l'élément qui vous gouverne. Ces éléments sont complémentaires et opposés pour assurer un équilibre parfait. Gardiens et enfants de mère Nature, ils vous permettent de renouer avec vos instincts et de vous reconnecter à la terre. Visibles et invisibles dans votre quotidien, prenez conscience qu'ils sont des outils indispensables, des matières premières sacrées et des enseignants d'une grande sagesse. C'est une alchimie physique et spirituelle qu'ils vous transmettent pour un éveil immédiat aux grands principes de la vie.

Ces prières vont vous permettre de faire appel à leurs vibrations pour vous nourrir de leurs qualités. Elles vous aideront à activer l'élément qu'il vous manque pour calmer celui qui est trop présent. Elles sauront vous guider pour accueillir les ressources primordiales de chaque élément. Vous serez alors aligné pour avancer en toute sérénité sur votre chemin.

Prière de l'ancrage (terre)

Source de toute vie,
Source de toute lumière,
Source de l'Univers,
Par cette prière, je me connecte à l'élément terre.
Qu'elle me connecte à la matière.
Pour toujours me donner un repère.
Et m'éviter ainsi d'être tête en l'air.
Je déploie mes racines pour m'incarner.
Mes deux pieds dans le sol sont plantés.
Je cherche et je demande la stabilité.
Je souhaite à présent être aligné·e.
Maintenant, je plonge dans la réalité.
Je demande du concret.
En aucun cas je ne suis déstabilisé·e.
Mon corps est présent.
Mon esprit est constant.
Mon cœur est pondéré.
Mon âme est équilibrée.
Plus rien ne peut me faire plier.
Je cesse d'être déboussolé·e.
Je me sens solide et en sécurité.
Prêt·e à tout matérialiser.
Enfin, j'arrête de m'évader.
Enfin, j'arrête de m'échapper.
Élément terre, merci de me centrer.
Élément terre, merci de m'ancrer.
Merci, qu'il en soit ainsi.

Cette prière est faite pour vous si vous avez besoin d'ancrage.

Pour une plus grande connexion et une plus grande efficacité, n'hésitez pas à réciter cette prière pieds nus en contact direct avec la terre (en forêt, dans un champ, dans un jardin).

Vous êtes certes un être céleste, mais qui est ici pour vivre une expérience terrestre. Il est donc nécessaire de vous ancrer pour vivre le plus agréablement possible votre expérience. L'ancrage, c'est être conscient de votre corps, de ce qui vous entoure, de votre vie humaine dans son ensemble. C'est une connexion avec le moment présent pour ne pas vous perdre dans les méandres du temps. Cette pratique vous aide à contrôler vos pensées pour revenir à vous. Elle est l'ancre qui vous rattache à la réalité pour vous éviter de fuir. C'est le moyen le plus efficace pour vous rendre fort et solide face aux épreuves qui vous attendent. L'ancrage est une attitude qui vous permet d'accueillir la vie et non plus de la rejeter. Ainsi, vous trouvez une stabilité et un équilibre pour avancer avec confiance et sérénité sur le chemin qui se présente devant vous. Être ancré, c'est vous sentir à votre place dans votre incarnation.

Prière du lâcher-prise (air)

Source de toute vie,
Source de toute lumière,
Source de l'Univers,
Par cette prière, je me connecte à l'élément air.
Que sa brise soulève ma poussière.
Je demande au vent d'emporter avec lui mes tourments.
Je souhaite lâcher prise maintenant.
Qu'il souffle sur les nuages de mon esprit.
Qu'il amène la sérénité en guise d'éclaircie.
Le moment présent devient mon abri.
Mes lourdes pensées sont exclues.
Mes émotions oppressantes sont dissoutes.
J'évacue à chaque respiration.
J'expire toute ma pollution.
Je laisse partir mes tensions.
J'abandonne toute ma pression.
Et j'inspire ma libération.
Par ces mots, j'abandonne l'envie de tout contrôler.
J'accueille simplement ce qui est.
Face aux événements, j'arrête de résister.
Je renonce à vouloir que tout soit parfait.
Par la vie, je me laisse porter.
Enfin, je me défais de ma charge mentale.
Enfin, je me décharge du poids qui me fait du mal.
Élément air, merci de déposer en moi l'acceptation.
Élément air, merci pour cette oxygénation.
Merci, qu'il en soit ainsi.

Cette prière est faite pour vous si vous avez besoin de lâcher prise face à certaines situations ou certaines pensées qui vous empoisonnent.

Pour une plus grande connexion et une plus grande efficacité, n'hésitez pas à réciter cette prière au contact de l'air (face au vent, à un ventilateur, à un éventail).

Lâcher prise, ce n'est pas abandonner et ce n'est pas paraître faible. Bien au contraire, c'est vous sentir assez fort pour avoir confiance en la vie. Cela vous permet de ne plus être systématiquement dans la confrontation, et vous offre plus de fluidité et de simplicité. Ainsi, vous n'êtes plus dans une résistance fatigante et contraignante, mais plutôt dans une énergie libératrice. Vous êtes dans une position d'accueil et non plus de méfiance. Vous vous éloignez de l'illusion de pouvoir tout contrôler et vous défaites de certaines responsabilités qui ne vous appartiennent pas. Lâcher prise, c'est laisser partir un poids que vous n'aviez pas à porter pour enfin pouvoir avancer. Cela vous délivre d'une pression inutile et contre-productive. C'est l'antidote idéal contre le stress et l'angoisse qui vous assaillent quotidiennement.

Prière de la purification (eau)

Source de toute vie,
Source de toute lumière,
Source de l'Univers,
Par cette prière, je me connecte à l'élément eau.
Que l'eau vienne me laver de tous mes maux.
Je lui demande de noyer mon chaos.
Dans son courant, qu'elle emporte ma pollution.
Qu'elle rince l'ensemble de mes émotions.
Qu'elle fasse dégorger le poison qui m'a contaminé·e.
Ce qui ne m'appartient pas est purgé.
Par ces mots, mon corps est détoxifié.
Par ces paroles, mon esprit est épuré.
Par cette pensée, mon cœur est arrosé.
Par cette intention, mon âme est imbibée.
Mes pleurs me permettent d'évacuer.
Mes larmes me permettent de me libérer.
L'esprit de l'océan dissout ce qui m'est néfaste.
L'esprit de la mer assainit ce qui me dévaste.
La transparence de l'eau m'apporte la limpidité.
La pureté des sources m'offre la clarté.
La vivacité des torrents me promet la lucidité.
Le calme des lacs me donne la sérénité.
Enfin, je me défais de toute la négativité.
Enfin, je me décharge de tout ce qui m'a empoisonné·e.
Élément eau, merci de me nettoyer.
Élément eau, merci de me purifier.
Merci, qu'il en soit ainsi.

Cette prière est faite pour vous si vous avez besoin de purifier votre corps, vos émotions, vos pensées ou vos énergies.

Pour une plus grande connexion et une plus grande efficacité, n'hésitez pas à réciter cette prière au contact de l'eau (sous la douche, dans un bain, à la piscine, sous la pluie, en buvant un grand verre d'eau avant).

Il est important que vous compreniez que vous êtes comme une antenne satellite qui émet et reçoit en permanence.

Consciemment et inconsciemment, 24 heures sur 24 et 7 jours sur 7, vous êtes un messager, mais aussi un destinataire. Par vos cinq sens, vous recevez une multitude de sensations. Par le langage et la gestuelle, vous récoltez une infinité d'informations. Vous êtes des êtres sensibles qui constamment ressentent, subissent et assimilent toutes sortes d'émotions et d'énergies. C'est l'une des particularités les plus précieuses que vous possédez. Mais cela peut vite devenir un handicap si vous en venez à ne plus faire la différence entre ce qui vous appartient, ce qui vous est destiné et ce qui ne l'est pas. Car, telle une éponge, vous absorbez même ce qui ne vous est pas adressé, surtout si vous avez une empathie développée. C'est comme si vous vous mettiez à capter toutes les fréquences en même temps, ce qui crée de la confusion et de l'incompréhension. Vous vous retrouvez alors contaminé par le poison des autres. Vous pouvez aussi être submergé par vos propres états d'âme si les énergies, les messages ou les émotions sont trop nombreux ou intenses. Il est donc utile de vous purifier pour retrouver une certaine harmonie.

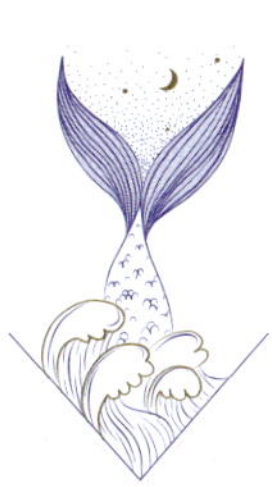

Prière de l'énergie (feu)

Source de toute vie,
Source de toute lumière,
Source de l'Univers,
Par cette prière, je me connecte à l'élément feu.
Je lui demande avec moi d'être généreux.
J'ai besoin qu'il me reconnecte à la passion.
Qu'il éclaire et guide ma motivation.
À travers lui, je deviens et j'incarne l'action.
Il brûle ma fatigue quand je suis épuisé·e.
Il allume et accroît ma vitalité.
Je m'entoure de sa chaleur.
Pour retrouver mon ardeur.
Il relance mon propre moteur.
Je puise dans mes ressources intérieures.
Que sa flamme me partage son énergie.
Que sa lumière réveille mes envies.
L'enthousiasme, j'accueille dans ma vie.
Que son étincelle me donne le bon élan.
Que son brasier nourrisse le mouvement.
J'invite la force en moi maintenant.
Que mon corps soit existé.
Que mon esprit soit éveillé.
Que mon cœur soit enflammé.
La flemme, je la délaisse.
La paresse, je m'en désintéresse.
Élément feu, merci de me stimuler.
Élément feu, merci de me dynamiser.
Merci, qu'il en soit ainsi.

Cette prière est faite pour vous si vous avez besoin de trouver l'énergie et la motivation qui vous manquent.

Pour une plus grande connexion et une plus grande efficacité, n'hésitez pas à réciter cette prière près du feu (un feu de cheminée, un feu de camp, une bougie).

L'énergie est le fluide cosmique. C'est l'électricité de l'Univers qui permet d'allumer la vie. Par votre âme, vous êtes avant tout une énergie pure qui anime un corps. Vos pensées, vos mots, vos actions créent une énergie indéfiniment. Elle est souvent invisible et impalpable, mais elle se ressent toujours. Avant de l'exprimer sur un plan physique et concret, vous passez par un plan énergétique et subtil. L'énergie est votre nourriture première. Ce n'est pas l'aliment qui vous nourrit, mais bien les calories qu'il contient. Et les calories sont une unité de mesure d'énergie. Sans elle, rien n'est possible ! Elle est la source de l'action en faisant naître le mouvement. Vous pourrez avoir toute la volonté du monde et la motivation qu'il faut : si vous manquez d'énergie, rien n'aboutira. D'ailleurs, vous le constatez sûrement quand vous êtes malade ou fatigué. C'est bien pour cette raison qu'il est très important de prendre soin de votre jauge d'énergie.

Les prières des quatre saisons

Le schéma fondamental est le cycle. L'état cyclique est prédominant

Sous nos latitudes, les quatre saisons sont les battements du cœur de notre belle planète. Ces quatre temps bien distincts symbolisent le rythme respiratoire de la terre. Elles sont le cycle sacré du vivant. Il est donc normal que leur magie influence votre corps, vos émotions et vos humeurs. Chaque saison a une énergie bien précise pour vous donner le bon tempo à suivre. Prêter attention à cette danse, qui se répète sans cesse, vous permet de danser en harmonie avec la nature. Vous mettre à l'écoute des saisons, c'est entendre l'enseignement qu'elles ont à vous transmettre.

Ces prières vont vous permettre de vous parer de leurs atours et d'assimiler leurs leçons les plus nobles. Elles vont vous aider à vous reconnecter au cycle éternel de la vie.

Prière du renouveau (printemps)

Source de toute vie,
Source de toute lumière,
Source de l'Univers,
Que les énergies du printemps viennent m'entourer.
J'appelle dans ma vie la nouveauté.
Montre-moi un parcours inexploré.
Libère une direction insoupçonnée.
Je prie pour tout recommencer.
Mon souhait est le changement.
Ma naissance est maintenant.
Mes actes incarnent la résurrection.
Aujourd'hui, je demande une révolution.
Comme les fleurs, c'est mon éclosion.
Qu'apparaisse un nouveau départ plein d'espoir.
J'invoque pour moi une nouvelle histoire.
Qu'une nouvelle lumière éclaire ma vie.
La renaissance est mon amie.
Que s'ouvre un chemin inédit.
Au renouveau, je dis oui.
Merci, qu'il en soit ainsi.

Cette prière est faite pour vous si vous désirez inviter le changement dans votre vie et vivre un réel renouveau.

Quand, dans votre vie, votre quotidien vous ennuie ou lorsque tout va mal, vous attendez avec impatience un renouveau. Quand plus rien ne va, vous espérez le voir arriver comme votre sauveur. Vous le considérez un peu comme un Graal. Comme si le renouveau, la renaissance était un grand événement rare. Comme si c'était une exception, une énergie extraordinaire à ne pas manquer. Mais, en réalité, il est présent en vous et tout autour de vous continuellement. À chaque seconde, vous renouvelez l'air dans vos poumons, donc la vie qui circule en vous. À chaque conversation, vous renouvelez vos idées et vos croyances, ce qui fait de vous une nouvelle personne chaque jour. Chaque nuit, vous renouvelez vos rêves, ce qui fait que chaque matin est une nouvelle naissance. Saviez-vous que tous les 28 jours, les cellules de votre peau se renouvellent aussi ? Ce qui signifie que vous avez un nouveau corps chaque mois. À chacun de vos anniversaires, vous renouvelez votre existence. À chaque nouvelle année, vous renouvelez vos ambitions et vos projets. Notre planète se renouvelle aussi tous les trois mois à travers le cycle des saisons. Le renouveau n'est pas une fête à célébrer ponctuellement, mais quotidiennement. Arrêtez donc de le sacraliser et de l'idéaliser, car le renouveau est toujours et à jamais présent pour vous. Parfois, il faut un peu de courage pour le suivre, mais il est présent à chaque instant. Il vous faut juste en prendre conscience.

Le printemps et ses énergies incarnent à la perfection cette capacité de faire naître le changement. Après l'hibernation, c'est l'éclosion. La vie est en mouvement perpétuel, la Terre tourne sur elle-même à l'infini, les étoiles brillent même en pleine journée. Si la transformation ne vient pas, ce n'est pas l'Univers qui vous a arrêté, mais c'est vous-même qui vous êtes immobilisé.

Prière de l'abondance (été)

Source de toute vie,
Source de toute lumière,
Source de l'Univers,
Que les énergies de l'été viennent me combler.
À chaque instant que je sois gâté·e.
Mon cœur prépare ma victoire.
Mon âme est prête à recevoir.
J'ai le droit de récolter le meilleur.
J'accueille ici la grandeur.
La prospérité vient me faire honneur.
Mon chemin est semé de cadeaux.
La vraie richesse est mon berceau.
L'abondance me fait écho.
Le succès fait partie de mon essence.
La chance m'offre la croissance.
Je suis légitime à gagner.
La fertilité pour moi est illimitée.
Le bon et le beau me sont donnés.
Le triomphe dans chaque domaine est mérité.
Mes ressources sont infinies.
Le vide est enfin rempli.
Le manque disparaît à jamais.
La réussite est ma destinée.
Mes vœux sont exaucés.
Mes rêves sont réalisés.
Mes espoirs sont concrétisés.
Tout n'est que possibilité et opportunité.
Comme le soleil, je vais briller.
Merci, qu'il en soit ainsi.

Cette prière est faite pour vous si vous souhaitez faire rentrer l'abondance dans votre vie.

Le deuxième nom que vous pourriez donner à l'Univers est l'abondance. Oui, tout comme l'Univers, le mot « abondance » promet des ressources et des possibilités infinies. Vous en rêvez tous, mais vous vous y refusez. Pourtant, l'Univers est généreux et abondant ! Quand vous avez une demande, il aura toujours pour vous une offre. Mais, bien souvent, vous avez du mal à l'accepter ou même à la percevoir, car vous vous focalisez sur le manque et sur les limites. Vous pensez ne pas mériter tant de générosité. Vous êtes persuadé de ne pas en être légitime. Vous imaginez devoir quelque chose en échange. Car les mots « illimité », « éternité » et « infinité » décrivent l'essence divine, que l'esprit humain a du mal à concevoir. Et quand l'homme ne comprend pas, il a tendance à être dans le rejet et dans la résistance. Voilà pourquoi vous ne vous autorisez pas à inviter l'abondance dans votre vie. Il est régulièrement dit que, dans nos relations, nous avons tendance à ne pas savoir dire « non », par politesse ou par culpabilité. Moi, je pense que la vraie difficulté, c'est que nous avons du mal à dire « oui » dans notre relation avec la vie. D'autant plus qu'il est très courant que vous confondiez l'abondance avec la possession. Effectivement, le fait de cumuler, de collectionner ou de multiplier vos biens et vos relations n'est pas une preuve de richesse. C'est au contraire la peur du manque et d'être abandonné qui se manifeste. La véritable abondance s'exprime dans l'essentiel. C'est à vous de mettre du sens dans ce mot. Qu'est-ce qui vous remplit, qu'est-ce qui vous comble ? Quand vous êtes dans une énergie d'abondance saine, cela ne vous étouffe pas, mais vous donne plus de liberté.

L'été et ses énergies représentent bien cette vibration fertile qui vous permet de récolter ce qui va profondément vous nourrir. Quand le soleil se met à briller, il brille pour tout le monde, et si vous vous mettez à l'ombre, n'oubliez pas que c'est vous qui l'avez décidé.

Prière du changement (automne)

Source de toute vie,
Source de toute lumière,
Source de l'Univers,
Que les énergies de l'automne viennent à ma rencontre.
Que son énergie emporte ce qui m'encombre.
Comme les feuilles qui s'envolent au vent.
Je me laisse emporter par le changement.
Mon âme appelle au mouvement.
J'arrête d'avoir peur de l'inconnu.
Face à l'avenir, je me mets à nu.
Depuis le ciel, je suis soutenu·e.
Même lorsque je me sens perdu·e.
Je quitte pas à pas mon confort.
J'accueille et j'accepte l'inconfort.
Le cheminement est mon trésor.
Une nouvelle étape est présente.
La force en moi est évidente.
Je suis solide devant le bouleversement.
Un niveau supérieur pour moi m'attend.
Je prends conscience d'être à un croisement.
J'arrête de résister aux événements.
La transformation est mon enseignement.
Traverser le pont est mon accomplissement.
J'abandonne mon immobilité qui est une illusion.
Ce passage marquant est mon évolution.
Ma qualité première est l'adaptation.
Mon cœur s'ouvre à chaque nouvelle situation.
Je regarde sans ciller la jonction.
Je souhaite la bienvenue à la transition.
Merci, qu'il en soit ainsi.

Cette prière est faite pour vous afin d'accepter un changement dans votre vie et faire face à des périodes de transition éprouvantes.

Le changement est inévitable, car la vie incarne l'évolution. Vous êtes constamment en pleine transformation. Même une fois arrivé à l'âge adulte, votre croissance continue malgré tout. C'est une balade sans fin avec une multitude d'étapes diverses et variées. Il est vrai que certaines sont plus difficiles que d'autres à passer, et vous avez donc envie de faire demi-tour. Dans ce cas, faire une pause est recommandé, mais faire machine arrière vous détourne du sommet. Oui, votre métamorphose vous demande des efforts et oui, certaines transitions dans votre vie vous apportent de la souffrance. Mais la souffrance est là pour vous motiver à vous sortir de cette situation inconfortable. Quand on réclame vos efforts, c'est pour utiliser vos ressources et voir ce dont vous êtes capable. C'est parfois douloureux, car vous devez alors vous défaire de certaines choses qui vous tiennent à cœur pour à nouveau pouvoir avancer. Transpirer en creusant pour trouver de l'or n'est pas très agréable, mais l'excitation de la recherche et la découverte d'une pépite n'ont pas de prix. Même si cela n'est pas toujours évident, le déséquilibre qui se présente est là pour apporter du mieux. Et avant même de chercher à l'affronter, la meilleure attitude, c'est de l'accepter. Vous avez été créé non pas pour survivre, mais pour vivre. Tous les moyens sont en vous pour faire face à n'importe quels bouleversements. Que vous expérimentiez une transmutation simple ou difficile, vous possédez la plus grande des qualités pour réussir. Vous êtes né pour vous adapter. L'adaptation est la plus grande force que vous possédez. Dans cette incarnation, rien n'est éternel. La seule chose éternelle ici-bas est le changement lui-même. Comprendre cela, c'est arrêter de vous épuiser à vouloir que rien ne change, par habitude et par confort. C'est, enfin, participer à votre transformation plutôt que la combattre.

L'automne et ses énergies symbolisent parfaitement cette résilience qui consiste à accueillir le froid de l'hiver. Les arbres s'adaptent aux changements de température en laissant s'envoler leurs feuilles. Ils se laissent mourir pour renaître au printemps. C'est la même chose pour vous, vous connaîtrez plusieurs morts pour plusieurs résurrections. Rien ne dure, tout passe !

Prière de l'introspection (hiver)

Source de toute vie,
Source de toute lumière,
Source de l'Univers,
Que les énergies de l'hiver viennent m'enrichir.
Mon esprit souhaite réfléchir.
Il est venu le temps de l'introspection.
C'est le moment d'être dans l'inaction.
Mon être plonge dans la contemplation.
Prendre du recul m'apporte la solution.
J'appelle en moi la concentration.
Que je sois guidé·e par la réflexion.
Il est l'heure de me connecter à mes profondeurs.
Maintenant, je prends de la hauteur.
Je touche à ma sagesse intérieure.
La prudence est mon exigence.
Mes doléances sont l'intelligence.
Comme le froid qui impose l'immobilité.
J'accepte de me poser sans résister.
Le mouvement se met à hiberner.
Pour rafraîchir toutes mes pensées.
Comme la neige qui amène la pureté.
Ma vision se pare d'une nouvelle clarté.
Mon cœur a besoin d'observer.
Mon âme demande à méditer.
Merci, qu'il en soit ainsi.

Cette prière est faite pour vous lorsque vous avez besoin de prendre du recul pour un temps de réflexion.

Dans un monde toujours plus rapide, c'est l'énergie d'action qui est vraiment mise en avant. Donc, pour la productivité, la performance et la popularité, vous en oubliez la réflexion. Dans cette société, on vous pousse aujourd'hui à agir avant de penser. On préfère un travailleur qu'un philosophe. Vous oubliez donc que l'introspection est fondamentale pour bâtir la charpente de votre vie. Vous êtes accro à l'immédiateté et à l'instantané. Mais les grands projets, les grandes réalisations et les grands changements de l'histoire ont été réfléchis. Avant d'apprécier le mouvement, et pour que celui-ci soit harmonieux, il faut prendre du temps pour savourer une immobilité intelligente. C'est avec du temps que la graine arrive à éclore et à devenir une belle fleur. C'est avec beaucoup de concentration que le scientifique peut faire une découverte majeure. C'est avec une importante préparation que le sportif réalise un exploit. C'est par une grande contemplation que l'artiste donne naissance à une œuvre d'art. L'introspection, c'est une observation sincère de vos pensées et de vos émotions pour sortir de l'inconnu. C'est un investissement pour l'avenir. Avant d'être un bâtisseur, il est essentiel d'être un architecte.

L'hiver et ses énergies représentent très bien ce rythme plus lent, qui est indispensable pour vous ressourcer et obtenir un esprit clair, apte à préparer une action ultérieure. L'hibernation est la promesse d'une naissance plus douce et véritablement viable.

Les prières des quatre mondes

La division est une illusion. L'unité est la vérité

Dans ce monde, il existe une multitude de mondes et de réalités. Il y a des mondes plus réels, ancrés dans la matière, comme celui des animaux et des hommes, et des mondes plus subtils, présents sur d'autres plans, comme celui des esprits de la nature. La richesse de ces divers univers offre des peuples, des races, des créatures et des cultures toutes plus différentes les unes que les autres. Pourtant, tout est création de l'Univers. Tout provient de la même poussière. Tous porteurs d'une âme, l'unité est inévitable. La séparation entre les différents mondes ici-bas est une illusion due à l'ignorance du langage universel de l'énergie. La division entre les hommes est une conséquence de l'incarnation, mais cela n'est en aucun cas une fatalité.

Ces prières vont vous permettre d'aller à la rencontre de ces différents mondes pour être dans l'unification et dans la solidarité. Elles vont vous aider à ressentir l'unité ultime dont vous faites partie.

Prière de Gaïa (le monde minéral)

Source de toute vie,
Source de toute lumière,
Source de l'Univers,
Connecte-moi aux battements de la Terre.
Que je ressente sa force primaire.
De par sa poussière,
Je fusionne avec la pierre.
La roche a une mémoire.
La fertilité est son pouvoir.
Je fais partie de son histoire.
Présente-moi notre mère nourricière.
Avec le chant de la mer,
À travers les lacs et les rivières,
Ma soif remercie cette eau si claire.
Pour les forêts et leurs mystères,
Gratitude et reconnaissance pour l'air.
Gaïa m'éblouit de sa lumière.
Je respecte les animaux, mes frères.
De mon amour j'honore la matière.
Les arbres sont mes pères.
Les fleurs sont mes mères.
De la nature je suis fier·ère.
À cette planète je dis merci.
Sa générosité me nourrit.
De son énergie je suis le fruit.
La protéger est ce que je choisis.
De toutes ces ressources je suis béni·e.

En harmonie avec mon environnement.
J'accueille ses enseignements.
Je suis et reste son enfant.
Dans ses profondeurs se trouve mon identité.
Mon amour pour elle renaît.
Merci, qu'il en soit ainsi.

Cette prière est faite pour vous reconnecter à mère Nature avec bienveillance.

Dans les premiers temps, l'homme était proche de la nature. Il la vénérait et l'honorait. Il la voyait comme une mère généreuse et protectrice. Il écoutait ses avertissements et se soignait avec ses remèdes. Il la contemplait telle une œuvre d'art. Il dansait et avançait sur son rythme. Il prenait soin d'elle, car n'importe où sur terre, elle était son foyer. Mais, aujourd'hui, l'être humain s'est déconnecté de mère Nature pour se connecter à la technologie. L'espèce humaine, par orgueil, n'a plus considéré la planète bleue comme extraordinaire, mais comme banale. Nous la voyons comme une servante et non plus comme une reine. Nous sommes devenus des enfants capricieux qui lui imposent leur rythme à travers la consommation, et nous la remercions par la pollution. Nous ne nous voyons plus comme invités, mais comme propriétaires. Le feu que nous avons allumé est en train de nous asphyxier en brûlant notre maison sacrée. Aujourd'hui, il est plus qu'urgent de renouer avec celle qui nous accueille et nous nourrit. Car si le ciel est votre père spirituel, la terre est votre mère. L'Univers et Gaïa forment vos parents divins. Aimer et respecter l'un et l'autre vous ramènent à la source de votre être.

Prière des fées (le monde végétal)

Source de toute vie,
Source de toute lumière,
Source de l'Univers,
Ouvre mon regard sur une autre réalité.
Voir au-delà est mon souhait.
Qu'apparaisse devant moi le monde des fées.
Que leurs magies bienveillantes me soient révélées.
Leurs secrets avec moi sont partagés.
Mon cœur élève ma vision.
Pour découvrir une autre dimension.
Ma vue voyage avec protection.
Aux gardiens, je demande leur permission.
Avec le monde féerique, je crée une relation.
Aux Ents, aux fées et aux devas, je crois.
Les trolls, les gnomes et les lutins, je vois.
Les limites s'abaissent.
Face à moi de nouvelles espèces.
Les frontières s'effacent.
Un nouvel Univers prend place.
Merci, qu'il en soit ainsi.

Cette prière est faite pour vous permettre de rentrer en contact avec le monde féerique.

Le monde végétal possède une énergie sensible et poétique. C'est pour cela qu'il a tant inspiré les peintres et les poètes. Ce peuple omniprésent et silencieux communique avec nous par ses couleurs et ses parfums. Il nourrit les cœurs par sa couleur verte qui est prédominante. Le vert, la couleur de la renaissance et de la guérison. Il renferme dans ses racines, dans ses feuilles, dans ses fruits et dans ses fleurs d'innombrables remèdes. Effectivement, la sylvothérapie, l'aromathérapie et la phytothérapie constituent des soins puissants. La magie de l'herboristerie et le mystère des fleurs de Bach offrent une médecine douce et riche. La nature qui est son nom est la première des chamanes. C'est une guérisseuse du corps, de l'esprit et du cœur. Elle est la gardienne des animaux et notre mère à tous. Mais elle est aussi le portail vers un monde invisible. Derrière elle se cachent des créatures spectaculaires et extraordinaires. Elle est le pont entre notre monde et le monde féerique. Notre vue humaine ne peut voir cet Univers aux mille merveilles, car c'est un plan qui vibre à une fréquence très élevée. Pour capter cette vibration et qu'apparaisse ce monde parallèle au nôtre, il faut ressentir avec votre âme et voir avec votre cœur. Sans cela, vous serez aveugle. Comprenez que les mythes sont des réalités oubliées et les légendes des vérités lointaines. Le monde des fées existe ! Voyez au-delà ! Alors je vous invite à voir derrière chaque arbre l'Ent qui se dissimule. Voyez à travers les montagnes le géant qui se repose. Regardez sous les champignons le lutin qui se cache. Admirez les fleurs pour découvrir la fée qui s'y camoufle. Rechercher et s'ouvrir à ce monde-là, c'est se reconnecter à l'elfe présent au plus profond de vous. Car l'elfe, c'est l'humain qui a fait corps avec la nature. Votre sang est rouge, mais il pourrait devenir vert, comme la couleur du chakra cœur.

Prière des animaux (le monde animal)

Source de toute vie,
Source de toute lumière,
Source de l'Univers,
Conduis-moi au sein du monde animal.
Que je me reconnecte à ma part bestiale.
Fais rugir ma nature initiale.
Pour créer avec eux un lien amical.
Et faire naître un esprit familial.
Réveille mon instinct primaire.
Dans ma vie, les animaux sont nécessaires.
Leur langage m'est révélé.
Avec eux, j'apprends à communiquer.
Je vois et vénère leurs qualités.
Leur sagesse est là pour me guider.
Grands ou petits, je les honore.
Je respecte carnivores et herbivores.
À plumes ou à poils, je les aime.
Que vienne à moi mon animal totem.
La bête est mon égal.
La symbiose entre nous est le but final.
Merci, qu'il en soit ainsi.

Cette prière est faite pour que vous puissiez renouer avec nos amies les bêtes.

Le monde animal possède une énergie à la fois sage et sauvage. Un contraste qu'il maîtrise à la perfection entre adaptabilité et instinct. Les hommes, fascinés depuis toujours par cet équilibre que les animaux ont atteint, vont jusqu'à les chasser, les capturer et les domestiquer pour s'approprier leur sagesse et leur puissance. Ce peuple, qui a habité la terre bien avant les hommes, communique avec nous par le son et le toucher. Il nourrit les âmes par ses enseignements d'ancrage et de lâcher-prise. À travers ses différentes espèces, il transmet d'innombrables valeurs à acquérir. La ruse du renard, la noblesse du cerf ou la fidélité du chien ne sont que des exemples parmi toutes les leçons et qualités que les bêtes ont à vous offrir. C'est pour cette raison qu'il est important de ne plus les voir comme des trophées, mais comme des enseignants : les animaux terrestres sont des professeurs de l'incarnation dans la matière, les animaux aériens des professeurs de l'esprit clair et les animaux aquatiques des professeurs des émotions profondes. Donc, observez-les sans les soumettre. Écoutez-les sans les enfermer. Communiquez avec eux sans donner d'ordre. Car il ne faut surtout pas oublier que l'homme, malgré son évolution et ses prouesses technologiques, est lui aussi, à la base, un animal. Reconnectez-vous à votre véritable part primaire. Et vous rencontrerez alors peut-être votre animal totem ! L'animal totem provient des traditions chamaniques. Il est dit que nous avons tous un seul et même animal qui nous suit toute notre existence. Un peu comme un ange gardien, il est là pour vous aider à accomplir votre mission de vie. Ses qualités correspondent à celles qui vont vous être nécessaires sur votre chemin d'incarnation. Les animaux totems sont toujours bienveillants et ils complètent votre personnalité humaine. Ils peuvent parfois changer de forme ou d'apparence pour que vous ayez moins peur. Ils vous inspirent, vous accompagnent et vous guident. Votre animal totem s'imposera à vous comme une évidence. Certaines personnes vont même jusqu'à se le faire tatouer. Il peut vous apparaître en rêve, lors d'une méditation ou d'un tirage de cartes. Cela peut se produire aussi par de multiples apparitions répétées, de nombreuses synchronicités. Il se présente à vous lorsque vous êtes prêt à l'accueillir.

Prière de la solidarité (le monde humain)

Source de toute vie,
Source de toute lumière,
Source de l'Univers,
Réveille dans nos cœurs la solidarité.
Que se réunisse toute l'humanité.
Le lien qui se crée est la fraternité.
Prenons conscience d'être tous connectés.
Pour que d'amour le monde soit inondé.
Fais que nous nous donnions tous la main.
Fais que nous prenions tous le même chemin.
Pour construire ensemble nos lendemains.
Rassemble-nous dans la compassion.
Qu'il n'y ait plus aucune séparation.
L'entraide devient notre première motivation.
C'est la fin de toute division.
Nos âmes sont toutes mises à contribution.
Amène dans nos esprits la cohésion.
Face aux autres, c'est la compréhension.
La tolérance est maintenant pratiquée.
Les peuples et les cultures sont regroupés.
Aimer est le mot-clé.
C'est un cadeau d'avoir le même sang.
Le collectif est puissant.
Apprenons par cœur de nos erreurs.
Chantons-en chœur pour le meilleur.
Faisons vibrer nos cœurs,
Pour prendre de la hauteur.
Nous sommes des milliards,
Pour n'être qu'un plus tard.
L'humanité peut être la pluie
Qui éteint l'incendie.
L'humanité peut être le fruit
Qui nourrit la vie.
L'humanité peut être le cri
Qui réveille la nuit.
Mon rôle, même petit,
Peut changer le « non » en « oui ».
Merci, qu'il en soit ainsi.

Cette prière est faite pour créer la solidarité et réveiller la fraternité entre les hommes.

L'individualisme est depuis quelque temps un concept dont on entend beaucoup parler, qui est même parfois encouragé dans certains livres de développement personnel. Cette nouvelle philosophie amène à penser que l'individu est prédominant face à la société. Cette sorte de doctrine favorise chez la personne une attitude d'indépendance qui la pousse à prendre sa place et à prioriser ses besoins avant ceux du groupe. Et dans un sens, c'est une très bonne chose, car cela vous amène à vous découvrir et à savoir qui vous êtes sans influence extérieure. Comme je le dis souvent : avant de vouloir colorer le monde, il faut savoir se dessiner. Mais dans cette recherche de connexion à soi, attention de ne pas vous déconnecter des autres. Car l'individualisme ne doit pas être la porte ouverte à l'égoïsme et la mort de la solidarité. N'oubliez jamais que chaque être humain est un rayon de lumière provenant de la même explosion lumineuse qui a illuminé l'Univers de la vie. Vous êtes une étincelle de la source. Des milliers de feuilles d'un seul et même arbre. Oui, l'humanité ne forme qu'une seule et même entité. L'être humain est un être sociable avant tout, c'est pour cela que vous êtes doué de parole. La parole amène à échanger et donc à communiquer. Communiquer permet de se comprendre et donc de se reconnaître. Se reconnaître en l'autre permet de se rassembler. L'union, l'entraide et le soutien des uns envers les autres sont primordiaux pour changer le monde d'aujourd'hui. Se regrouper est inévitable pour construire un avenir radieux. Toutes les pièces, quelles que soient leur provenance, leur couleur, leur forme ou leur taille, sont importantes pour que le puzzle révèle son mystère. Une étoile qui brille seule dans le noir reste une étoile. Mais une étoile qui brille avec des milliers d'autres dans la nuit, cela devient une constellation.

Partie 2

Prières d'incarnation

Pour concrétiser sa vie humaine (le corps)

Les prières des cinq sens

Je ressens donc je suis

Les cinq sens sont des dons d'incarnation. Ils sont vos superpouvoirs du quotidien. C'est grâce à eux qu'il est possible de pleinement vous incarner tout en étant connecté à la magie de l'Univers. Ils font le pont entre vos ressentis et votre réalité. La compréhension du monde qui vous entoure passe obligatoirement par eux. Le contact et le lien humains sont créés par vos cinq sens, il est donc essentiel d'exploiter tout leur potentiel. Votre perception et votre sensibilité évoluent à travers eux. Leur rôle vous pousse aussi à vous affirmer en vous faisant découvrir vos goûts personnels. Vous avez réellement les meilleurs outils pour profiter de la beauté de la vie à chaque instant. Les couleurs, les sons, les saveurs, les parfums et les textures sont des cadeaux accessibles en permanence pour vous.

Ces prières vont vous permettre de développer vos cinq sens pour vous rendre compte de leurs richesses. Elles vont vous aider à plonger en eux pour en ressortir le meilleur. Elles vont vous permettre de vous connecter encore plus intensément aux plaisirs simples de la vie.

Prière de la beauté (la vue)

Source de toute vie,
Source de toute lumière,
Source de l'Univers,
Rends ma vue féconde.
Change mon regard sur le monde.
Offre à mes yeux la beauté cachée.
Pour déceler toute la grâce dissimulée.
Le charme enfoui m'est révélé.
Mon œil capture enfin la somptuosité.
Que la lumière se fasse sur ce qui a été occulté.
Qu'apparaisse dans chaque détail l'éclat.
Voir le beau dans tout est le résultat.
J'aperçois en l'autre ses multiples couleurs.
La nature me révèle toute sa splendeur.
L'art de la vie me touche en plein cœur.
Ma vision va maintenant en profondeur.
Je vois la pureté intérieure et extérieure.
Je vois dans l'ombre le meilleur.
Transparente devient la noirceur.
Je vois l'amour et sa grandeur.
Le voile superficiel s'efface.
La magie dans mes yeux prend place.
Autour de moi la féerie surgit.
Le merveilleux m'éblouit.
Ma perception s'imprègne de poésie.
Je regarde chaque être vivant comme un joyau.
L'émerveillement est mon cadeau.

Même la laideur devient belle.

Les paysages sont comme de magnifiques aquarelles.

Les animaux sont comme de sublimes modèles.

Les personnes sont comme de brillantes étincelles.

Merci, qu'il en soit ainsi.

Cette prière est faite pour vous si vous souhaitez vous ouvrir à la beauté de la vie et du monde.

La vue est le sens de la beauté immédiate. Même si la beauté de la vie peut se toucher, se goûter, s'écouter et se respirer, c'est bien avec la vue qu'elle prend toute son ampleur. Mais attention, la beauté n'est pas une question de symétrie idéale ou de perfection incontestable. Elle ne se trouve pas dans des codes esthétiques et dans des tendances visuelles. La véritable beauté vous apparaît lorsque vos yeux rejoignent votre cœur, lorsque votre regard se lie à votre âme. C'est quand vous arrivez à voir à travers les lunettes de l'Univers que la beauté se révèle. Quand votre vision voit au-delà, vous percevez l'océan dans une simple goutte d'eau. Vous observez la forêt dans une simple feuille. Vous contemplez la terre entière dans un simple grain de sable. Oui, la beauté peut être grandiose et imposante. Mais c'est dans les détails que son éclat est le plus flamboyant. La beauté la plus pure brille dans la grâce d'un simple geste. C'est la magie qui se dissimule derrière un sourire. C'est l'arc-en-ciel sous la lumière. Elle peut être lumineuse comme obscure, mais toujours légitime. Elle peut être spectaculaire, minimaliste, bizarre, absurde ou abstraite, mais toujours unique. La beauté, c'est l'essence de l'amour qui s'imprègne dans la matière. C'est arriver à surprendre les feux d'artifice qui illuminent chaque journée. C'est percevoir la signature de l'Univers dans ce grand tableau qu'est la vie. Vous êtes le fruit de la beauté. Vous êtes donc aussi créateur de merveilles. N'oubliez jamais que c'est dans votre regard que se crée la somptuosité.

Prière de l'écoute (l'ouïe)

Source de toute vie,
Source de toute lumière,
Source de l'Univers,
Rends mon ouïe fine.
Qu'elle soit une bonne médecine.
Je souhaite entendre sincèrement ma voix.
Me donner la parole est le bon choix.
Je laisse jouer la musique en moi.
Des autres, je souhaite écouter attentivement les voix.
Accueillir leurs vérités m'apporte la joie.
Je laisse s'exprimer leurs émois.
Face à la confidence, mon ego se tait.
Le silence est une marque de respect.
Je n'essaye pas de conseiller.
J'arrête de vouloir argumenter.
Ma première réaction n'est plus le jugement.
Écouter réellement est mon serment.
Entendre simplement est mon engagement.
Plus aucune interruption.
La place est à l'élocution.
Je délaisse le contrôle de la conversation.
Je laisse libre cours aux déclarations.
Je suis réceptif·ve au partage des émotions.
Mon oreille est la solution.
Pour une authentique discussion.
Merci, qu'il en soit ainsi.

Cette prière est faite pour vous si vous désirez améliorer votre écoute envers vous-même et envers les autres.

L'ouïe est le sens de la communication vraie. C'est par une écoute active que vous pourrez véritablement entendre la voix de votre cœur et celle des autres. Prêter une oreille sincère vous apportera la compréhension de vous-même et d'autrui. Malheureusement, la plupart du temps, lors d'une discussion, votre ego a envie de prendre la parole. Et les conversations deviennent des démonstrations de force pour savoir qui a raison. Vous vous mettez à jouer un enchaînement de rôles pour imposer votre identité ou dissimuler des blessures. Vous devenez tour à tour conseiller, moralisateur, expert, spécialiste, sage ou bourreau. Votre mental s'emballe pour essayer de trouver immédiatement une solution face à ce qu'il entend. Mais comprenez que, parfois, une question n'attend pas de réponse. Prenez conscience qu'une émotion exprimée ne demande pas une explication : elle désire juste être extériorisée. Soyez prêt à accepter qu'un avis exprimé ne demande pas à être approuvé, mais qu'il a juste besoin d'exister. La véritable écoute consiste à arrêter de vouloir être le sauveur en interrompant l'échange pour apporter une aide qui ne vous a pas forcément été demandée. C'est apprendre à recevoir les critiques sans réagir. C'est accepter d'accueillir sans jugement comme le ferait un journal intime. Pour une écoute sincère, vous devez lâcher l'envie d'être acteur pour devenir spectateur. Une écoute authentique permet de grandes délivrances. C'est un des remèdes les plus efficaces et qui ne coûte rien. L'écoute profonde donne bien souvent naissance à l'empathie et à la compassion. Donc écouter ce n'est pas entendre, mais c'est savoir aimer.

Prière du lien (le toucher)

Source de toute vie,
Source de toute lumière,
Source de l'Univers,
Rends à mon toucher sa sensibilité.
Pour me connecter à ma sexualité.
Que ma peau frissonne de plaisir.
Réveille et attise mon désir.
Laisse parler mes envies charnelles.
Je souhaite être sensuel·le.
Ma peau appelle les caresses.
Mon corps réclame la tendresse.
Abats mes blocages moralisateurs.
J'écoute sans peur mes ardeurs.
Mes fantasmes sont un moteur.
Fais-moi oublier la performance.
Je succombe aux attirances.
Vers la tentation, je me lance.
En moi et mon/ma partenaire j'ai confiance.
Réchauffe mon chakra sacré.
Que puisse éclore toute ma sensualité.
Tout en étant dans le respect.
Excite ma libido endormie.
Que le feu parcoure mon anatomie.
Mon corps est un temple sacré.
Retrouver du sens apporte la beauté.
J'appelle le romantisme.
Pour me conduire vers l'érotisme.
Frôlé·e je suis stimulé·e.
Touché·e je suis émoustillé·e.
Embrassé·e je suis enflammé·e.
Faire l'amour, c'est fusionner.
Sans jugement, je me sens connecté·e.
Je suis prêt·e à me lier.
Seul·e ou à deux pour savourer.
Merci, qu'il en soit ainsi.

Cette prière est faite pour vous si vous souhaitez renouer avec votre sexualité.

Le toucher est le sens de l'exploration. Il est le sens qui permet le contact et la rencontre directs avec votre environnement. Votre façon de toucher peut exprimer la tendresse comme la violence. C'est le toucher qui est à l'origine des relations. Si l'étincelle du désir s'exprime dans un regard, c'est au contact de deux épidermes que l'amour s'enflamme. L'échange tactile est indispensable dans la construction d'une relation aimante, quelle que soit son origine. L'échange de caresses et les étreintes sont l'expression de sentiments profonds. Il est donc évident que votre sexualité s'épanouit par le toucher. Le sexe est un besoin primaire comme celui de boire, de manger ou de dormir. Il est présent pour la survie de notre espèce. On vous a sûrement appris que le rôle principal de la sexualité est la procréation. Mais en réalité, l'essence première de l'acte en lui-même est une connexion avec l'autre. Faire l'amour, c'est fusionner à travers l'échange de fluides, mais aussi d'énergies. C'est découvrir et accueillir l'intimité de la personne en face de vous et, en même temps, offrir la vôtre. Donner votre consentement lors d'ébats amoureux est un véritable honneur que vous faites à votre partenaire, et vice versa. Car c'est une grande preuve de confiance et de lâcher-prise que vous faites alors. Quand vous décidez de coucher avec une personne, vous vous mettez à nu, au sens propre comme au sens figuré. Vous offrez à l'autre ce qu'il y a de plus personnel, de plus beau et de plus vulnérable en vous. C'est un instant qui permet aussi de créer du lien avec vous-même en laissant s'exprimer votre corps. Votre côté le plus sauvage et le plus évolué à la fois s'exprime en toute authenticité. Un moment charnel est un instant sacré où vos corps se mélangent pour que vos âmes se rencontrent. Malheureusement, comme beaucoup de choses aujourd'hui, le sexe est devenu un objet de consommation ! La sexualité s'est démocratisée, elle s'est débridée jusqu'à se banaliser. Elle est devenue le symbole de la performance, du plaisir immédiat, et d'un jeu de séduction sans fin qui efface temporairement votre manque de confiance. Le sexe est utilisé comme un médicament contre l'ennui. Il est pratiqué comme un antidépresseur pour anesthésier le manque que vous pouvez ressentir en vous. C'est devenu une course pour ressentir toujours plus de sensations, mais sans y mettre du sens. En ayant ce comportement, malgré une proximité évidente avec l'autre, vous ne faites que vous éloigner davantage des autres et de vous-même. Il n'est donc pas surprenant qu'il y ait des blocages, des croyances limitantes et des peurs qui vous empêchent de profiter pleinement d'une sexualité saine, respectueuse et lumineuse. Reprendre conscience de tous les enjeux qui se cachent derrière quelques minutes de plaisir est la clé pour des relations plus aimantes.

Prière du repas (le goût)

Source de toute vie,
Source de toute lumière,
Source de l'Univers,
Rends mon goût exigeant.
Pour manger sainement.
Fais que cela soit plaisant.
Dynamise chaque aliment.
Que je prenne le temps.
De savourer chaque repas.
De déguster chaque plat.
Améliore mon alimentation.
Fais que ma nourriture monte en vibration.
Aide-moi pour une bonne digestion.
Dirige ma faim vers ce qui me guérit.
Guide mes fringales vers de bonnes énergies.
Ramène dans ma cuisine les vitamines.
Mes carences nutritionnelles, j'élimine.
Ramène dans mon assiette les minéraux.
Mon goût me dicte ce qu'il me faut.
Mon corps est réellement écouté.
Mon bien-être est ma grande priorité.
Éloigne de mes lèvres le poison.
Sans que je ressente de privation.
Mon appétit est équilibré.
Plus aucune culpabilité.
J'arrête de me priver ou de dévorer.
La nourriture n'est plus un substitut.
Ma faim ne me contrôle plus.
Je retrouve du sens quand je mange.
Mes habitudes changent.
Je mange en conscience.
La santé est ma récompense.
Merci, qu'il en soit ainsi.

Cette prière est faite pour vous si vous souhaitez dynamiser vos repas et améliorer votre alimentation.

Le goût est le sens de la gourmandise. C'est grâce à lui que vous prenez plaisir à manger. Il est celui qui vous permet d'apprécier – ou non – ce que vous avez dans votre assiette. Vous faire voyager à travers les saveurs (acide, salé, sucré, amer...), les textures (sec, humide, onctueux, granuleux...) et les températures (chaud, tiède, froid…) est une façon de vous faire plonger dans les multiples facettes de la vie. Le rôle « du goût » est de vous permettre d'identifier « vos goûts ». Et vos préférences alimentaires en disent long sur votre personnalité et vos émotions.

	Personne qui aime/préfère
L'acide	Personne déterminée, aventureuse, courageuse, confiante, franche
Le salé	Personne spontanée, enjouée, optimiste, curieuse, espiègle
Le sucré	Personne enfantine, douce, réconfortante, attentionnée, généreuse
L'amer	Personne lucide, résiliente, forte, exigeante, indépendante
Le sec	Personne autoritaire, têtue, charismatique, dominante, protectrice
L'humide	Personne flexible, facile, sensible, naïve, fragile
Le chaud	Personne extravertie, impulsive, avenante, dynamique, passionnée
Le froid	Personne introvertie, pondérée, distante, calme, rationnelle

Le ventre est votre deuxième cerveau : un cerveau composé de dix fois plus de bactéries que de cellules humaines, et qui traite les émotions plutôt que les pensées. C'est donc une bonne digestion qui vous garantit une bonne santé. La digestion, c'est la transformation des aliments en carburant pour votre corps, mais c'est aussi la transmutation de vos émotions. Le ventre influence vos humeurs et vos sentiments. Eh oui, le ventre est relié au cœur. Donc, avant de vouloir changer votre alimentation, prenez en compte vos émotions. Nourrissez-vous avant tout d'énergie et de vibrations. Nourrissez-vous de positif. Nourrissez-vous d'amour. Nourrissez-vous de musique. Nourrissez-vous de poésie. Nourrissez-vous de lumière. Nourrissez-vous de l'autre. C'est cela qui vous conduira à manger en conscience. Car, si vouloir vous nourrir sainement – bio, cru, végan, local… – est noble, cela est aussi souvent contraignant et culpabilisant. Et beaucoup d'entre vous abandonnent. Alors que si vous absorbez avant tout de belles énergies, vous verrez que vos assiettes changeront naturellement et pour longtemps. Vivre vos émotions, c'est forcément manger mieux.

Prière de la respiration (l'odorat)

Source de toute vie,
Source de toute lumière,
Source de l'Univers,
Rends mon odorat légitime.
Inhalée, mon âme s'anime.
Chasse toutes mes apnées.
Amène-moi à bien respirer.
Empêche mon corps d'étouffer.
Libère mon esprit de l'asphyxie.
Je laisse en moi circuler la vie.
Mets de la conscience dans ma respiration.
Concentre mon cœur sur l'oxygénation.
Je me ressource à chaque inspiration.
Je me purifie à chaque expiration.
Ma santé passe par l'inhalation.
Améliore mon souffle intérieur.
L'air a une grande valeur.
Respirer est un honneur.
Merci, qu'il en soit ainsi.

Cette prière est faite pour vous si vous souhaitez renouer avec votre respiration.

L'odorat est le sens de la connexion primitive. Car, avant même d'avoir vu, entendu ou touché une personne, vous vous connectez à elle par son odeur corporelle. Le parfum, la transpiration et les phéromones sont les premières informations que vous recevez sans même vous en rendre compte. Effectivement, les effluves que vous pouvez capter vous offrent des messages instinctifs. Soit ils vous préviennent d'un danger, soit ils vous mettent en confiance, soit ils vous dégoûtent. C'est l'une des raisons pour lesquelles vos souvenirs sont pour la plupart associés à une ou plusieurs senteurs. Chez l'animal, le sens de l'odorat est très important, mais il est finalement peu développé chez l'homme. Pourtant, l'odorat vous ramène à une chose plus importante que le simple fait de sentir, de humer ou de renifler pour marquer votre mémoire ou pour recevoir une information. Il vous conduit surtout à un de vos superpouvoirs : la respiration. Respirer en conscience est l'un des secrets pour vous amener à vivre mieux et en paix. Vous effectuez à peu près 22 000 respirations par jour ! Mais c'est une symphonie si fluide et si silencieuse que vous en venez à l'oublier. Pourtant, votre respiration est la mélodie qui vous permet de faire chanter votre corps, pour que vous puissiez danser sur le chemin de la vie. Inspirer est votre toute première action en venant au monde, et expirer la dernière lorsque vous le quittez. La respiration est le garant de votre ancrage. Quand elle se coupe, s'accélère ou se ralentit, elle suit tout simplement le rythme de vos émotions. Le mouvement de la respiration masse plusieurs de vos organes pour en préserver la santé et la lubrification. Elle est donc la gardienne de votre corps. Mais, surtout, une bonne respiration combat le stress, les angoisses, aide à mieux dormir et stimule le système nerveux parasympathique qui déclenche des hormones apaisantes. La respiration est, à mon sens, la seule méditation dont vous avez besoin et la première des thérapies à mettre en place pour votre bien-être. C'est un remède simple, qui peut être pris n'importe où et à tout moment. C'est une solution accessible pour améliorer votre quotidien. Votre respiration est un soutien qui vous appartient quoi qu'il vous arrive. Puis, pensez que nous sommes tous reliés indirectement par la respiration. Son langage est universel et omniprésent. Tout respire : les animaux, les plantes, notre planète et même les étoiles. Dans ce cycle éternel qu'est la respiration, nous sommes tous liés. Il existe différentes formes et techniques de respirations – cohérence cardiaque, pranayama, respiration Catana, méthode Wim Hof… À vous de trouver celle qui vous convient.

Les prières de guérison

Le remède se trouve bien souvent dans le poison lui-même

La guérison de votre âme, de votre cœur, de votre esprit et de votre corps est le but premier de votre incarnation. Blessures, maladies et traumatismes sont des portes pour atteindre une forme d'illumination. Guérir est le plus grand acte d'amour que vous pouvez vous offrir et offrir au monde entier. Soigner vos maux est un pas de plus pour que vos ombres et votre lumière cohabitent en harmonie. La guérison est l'accueil de vos imperfections sans rechercher la perfection. C'est un travail alchimique qui vous révèle le remède qui est en vous. Vous êtes le malade et le guérisseur.

Ces prières sont faites pour vous accompagner dans votre processus de vouloir prendre soin de vous. Elles seront une aide précieuse pour libérer, combattre et résister à vos souffrances. Elles feront en sorte de calmer, soulager et apaiser vos douleurs. Tel un traitement approprié, elles vous guideront vers le chemin de votre rémission.

Prière de la guérison holistique

Source de toute vie,
Source de toute lumière,
Source de l'Univers,
Que la terre me nourrisse.
Et que le ciel me guérisse.
Allume l'étincelle de vie dans mes cellules.
Face à ta lumière, la maladie recule.
Ton énergie guérisseuse se déverse dans mes veines.
Protège de ton amour ma vie humaine.
Partage avec moi ton énergie éternelle.
Pour rendre mon corps opérationnel.
Que ta force infinie soit ma sentinelle.
Ramène en moi l'équilibre.
De mon altération je suis libre.
Fais éclore par mon âme la santé.
Fais naître par mon cœur la félicité.
Mes blessures et mes cicatrices se régénèrent.
Mes douleurs et ma fatigue sont éphémères.
Traite le mal qui m'attaque à la racine.
Sur moi utilise ta plus belle médecine.
Ta puissante vitalité soigne mes maux.
Ta bonté irradie pour chasser mon chaos.
La guérison est mon cadeau.
Merci, qu'il en soit ainsi.

Cette prière est faite pour vous si vous cherchez à guérir et à retrouver la santé.

(Elle ne se substitue en aucun cas à un avis et un suivi médicaux.)

Votre santé est précieuse. Que l'on parle de votre santé physique, émotionnelle, mentale ou spirituelle, c'est un bien inestimable. Elle est votre équilibre pour marcher droit sur votre chemin. Sans elle, c'est votre existence entière qui est remise en question. Dans les faits, quand la maladie – quelle que soit sa forme – vous tombe dessus, c'est qu'il y a un message à comprendre et à assimiler. Ironiquement, ce sont vos souffrances, vos douleurs et vos blessures qui vous transmettent une information capitale concernant votre bien-être. La maladie, c'est « le mal a dit » ! Même si cela peut vous paraître plutôt négatif, prenez conscience que la communication est ouverte. Elle vous informe tout d'abord qu'il est urgent de prendre du temps pour vous et de vous reposer. Elle vous oblige à vous écouter et elle vous permet de mieux vous connaître. Car elle réveille vos forces profondes et elle révèle vos ressources intérieures. Elle vous pousse dans les bras de la vie. Vous êtes ensuite reconnaissant d'être en bonne santé.

Saviez-vous que les cellules de votre peau se régénèrent tous les 28 jours environ ? En réalité, vous êtes en guérison perpétuelle. Votre corps vous soigne constamment. Au fond de vous se cachent un médecin et un magicien. La guérison est toujours suivie d'un renouveau. Guérir, c'est vous élever au-dessus du négatif, de vos croyances et de vos blocages, pour retrouver ce bel équilibre que vous aviez perdu.

Prière karmique

Source de toute vie,
Source de toute lumière,
Source de l'Univers,
Délivre-moi de mon passé karmique.
Défais mes blocages cosmiques.
Purifie les souvenirs traumatiques.
J'ai payé et je paye aujourd'hui mes dettes.
J'enlève dans cette vie toute étiquette.
Sors-moi de mes schémas répétitifs.
Nettoie de mon aura le négatif.
Je casse les contrats non-positifs.
Que soit dissoute l'influence de mes vies antérieures.
Mes croyances limitantes d'avant meurent.
De ces vies anciennes, je ne garde que le meilleur.
Ma vie sans entrave peut apparaître.
Mon âme guérie de ce qui a pu être.
Merci, qu'il en soit ainsi.

Cette prière est faite pour vous aider à vous libérer de vos contrats d'âme.

Le but premier de votre âme est d'évoluer sans fin. Votre âme est éternelle et son envie d'expérimenter est infinie.

Comprenez bien que vous avez déjà vécu une multitude de vies en plus de celle-ci. C'est le principe de réincarnation, ce que l'on appelle aussi les vies antérieures. Ce sont des vies qui se sont passées à des époques différentes, des vies qui se sont déroulées sur d'autres planètes, des vies qui se sont faites dans des corps variés, et même des vies parallèles que vous pouvez vivre en simultané de celle-ci. Oui, cela peut paraître incroyable, mais le potentiel de votre âme est illimité. Vous imaginez donc bien que votre âme est riche de connaissances, emplie de sagesse et pleine de ressources. Et cela est très positif et bénéfique pour cette vie que vous êtes en train de vivre. Mais souvent, votre âme est aussi impactée négativement par certaines de ces existences passées, et cela se traduit alors par des dettes karmiques. Et malgré votre libre arbitre et la meilleure des volontés, vous serez à coup sûr prisonnier de certains schémas répétitifs, de plusieurs croyances limitantes et de blessures qu'il faut nettoyer. Ce sont de lourds bagages qui peuvent influencer vos relations amoureuses ou amicales dans votre vie actuelle. Sans savoir pourquoi, vous pouvez être freiné professionnellement et avoir du mal à faire rentrer l'abondance dans votre quotidien. Aider votre âme à déposer ces poids anciens amènera une libération bénéfique pour pouvoir enfin avancer. Vous défaire du passé, c'est bien, mais vous défaire du passé karmique, c'est encore mieux.

Prière transgénérationnelle

Source de toute vie,
Source de toute lumière,
Source de l'Univers,
Ramène-moi à mes origines.
Pour prendre conscience de mes racines.
Que la lignée familiale soit libérée
Des blocages et des schémas répétés.
Que les liens toxiques soient coupés.
La mémoire du sang est épurée.
Aide-moi à me défaire du passé.
L'influence des aïeux est dissoute.
L'emprise des ancêtres je désavoue.
Je brise le contrôle des Anciens.
Ma vie m'appartient.
Je suis libéré·e du poids transgénérationnel.
Mon chemin est personnel.
Merci, qu'il en soit ainsi.

Cette prière est faite pour vous défaire des blocages familiaux.

Quand nous observons un arbre, nous avons tendance à admirer et à toucher son tronc fort et robuste. Nous admirons ses milliers de feuilles délicates et nous cueillons et mangeons ses fleurs et ses fruits. En revanche, nous regardons très peu ses racines. C'est pourtant de là que provient sa vitalité. C'est par ses racines que l'arbre absorbe ce qu'il lui faut pour s'épanouir. Et il en va de même pour nous, les humains. Effectivement, quand cela ne va pas dans votre vie, vous allez avoir tendance à vous focaliser soit sur vous-même, soit sur les événements extérieurs. Mais vous allez très rarement vous pencher sur vos propres racines. L'idée de plonger dans vos origines n'est pas une évidence. Pourtant, votre arbre généalogique détient des secrets, des clés et des réponses à de multiples blocages. Oui, votre mémoire cellulaire peut renfermer des addictions, des schémas répétitifs, des peurs et tout un tas d'histoires qui ne vous appartiennent pas, mais qui vous ont été transmises par vos ancêtres. Donc, indépendamment de vous-même, vous subissez l'influence de votre lignée familiale. C'est pour cela qu'il est intéressant et judicieux d'étudier et de vous renseigner sur la vie de vos aïeux, afin de vous libérer de leur emprise. Vos origines vous conditionnent. Remonter à la source permet d'avoir une eau claire.

Prière pour atténuer la fatigue

Source de toute vie,
Source de toute lumière,
Source de l'Univers,
Allège le poids que je porte.
Ma fatigue, tu emportes.
L'énergie que tu m'offres me réconforte.
Quand je suis exténué·e, donne-moi la force de me relever.
Quand je suis surmené·e, donne-moi le temps de respirer.
Amène mon corps à la détente.
Rends ma vitalité éclatante.
Quand je suis épuisé·e, permets-moi de récupérer.
Quand je suis vidé·e, permets-moi de me régénérer.
Amène mon esprit au repos.
Guide ma puissance vers le haut.
Si je m'affaisse, sois là pour que je me redresse.
Fais en sorte que mon usure régresse.
Quand je m'écroule face à trop de labeur, fais naître en moi la vigueur.
Quand mon feu perd de sa chaleur, fais éclore en moi l'ardeur.
Ne laisse pas mon être s'endormir.
Ne laisse pas mon dynamisme se ternir.
Tends-moi la main quand mon élan tend vers le fond.
Porte-moi pour que mon élan atteigne l'ascension.
Délivre-moi une énergie nouvelle.
Ma force, tu renouvelles.
Propulse-moi.
Réveille-moi.
Merci, qu'il en soit ainsi.

Cette prière est faite pour vous si vous vous sentez fatigué physiquement ou mentalement.

La fatigue est un signal d'alarme pour respecter vos limites. Elle apparaît pour que vous preniez soin de vous. Elle est une invitation à écouter votre corps. Elle met en évidence le besoin de repos. Elle met un terme à vos combats excessifs et à vos fuites sans fin. Votre énergie n'est pas illimitée, il est donc important de savoir en faire bon usage. Sachez la préserver et la conserver pour ce qui compte réellement pour vous. La distribuer tout le temps et pour tous sans restriction vous videra de toute substance. Être fatigué est le meilleur moyen de vous diriger vers l'essentiel. Il ne faut pas le voir comme un obstacle, mais comme une aide qui va vous permettre de prioriser les choses ou les personnes vraiment importantes dans votre vie. La fatigue vient en réalité vous sauver de vous-même. Et elle n'est pas une contrainte comme vous pouvez le croire. Elle vous protège, elle est le dernier rempart avant votre point de non-retour.

Prière pour se défaire d'une addiction

Source de toute vie,
Source de toute lumière,
Source de l'Univers,
Je te prie d'éveiller ma conscience sur mon addiction.
Avec volonté, je choisis l'antidote et je délaisse le poison.
Insuffle dans mon cœur une grande motivation.
Je refuse de créer ma propre prison.
J'affronte et je défie ma soumission.
Que par amour et fierté, je reprenne le contrôle.
À mon indépendance, je donne enfin la parole.
Empêche-moi de fuir dans la peur.
Face au manque, je suis vainqueur.
Remplis mon vide d'amour.
Que ta maîtrise me porte secours.
Brise avec force les chaînes de ma dépendance.
Face à ma tentation, apprends-moi la résistance.
Qu'apparaisse, entre mon obsession et moi, la distance.
Ma liberté est ma plus belle danse.
J'accepte d'avoir vécu cette expérience.
J'assume pleinement les conséquences.
Je décide avec confiance de sortir du silence.
Et j'éprouve envers ma faiblesse une grande tolérance.
Merci de me désintoxiquer sans violence.
Pour prendre possession de mon existence.
Merci, qu'il en soit ainsi.

Cette prière est faite pour vous si vous voulez vous libérer d'une addiction (alcool, cigarette, drogue, sexe, jeux, nourriture, etc.). (Elle ne se substitue en aucun cas à un avis et un suivi médicaux.)

Une addiction est une dépendance importante à une substance ou à une activité qui entraîne des conséquences nocives pour vous et pour votre entourage. Dans les faits, l'addiction part d'un plaisir qui se transforme en un excès irrépressible et finit par vous anesthésier. Quand vous tombez dans la dépendance, c'est souvent le signe que vous fuyez quelqu'un ou quelque chose. C'est un mécanisme d'évasion pour ne pas affronter la réalité en face. La dépendance vous évite de prendre des décisions que vous ne voulez pas envisager. Et, surtout, vous espérez et pensez qu'elle peut faire taire votre douleur. Elle vous enferme, mais vous la considérez comme une protection. Vous la laissez alors prendre beaucoup de place pour combler le vide et faire face à l'absence et à la solitude.

C'est rare qu'une addiction survienne soudainement : elle s'installe souvent petit à petit, tout en douceur – c'est ce qui la rend dangereuse. Car vous ne la voyez pas s'installer dans votre vie. Vous aurez donc du mal tout d'abord à la repérer, puis par la suite, à l'accepter. C'est un véritable piège qui vous prive de votre propre pouvoir puisque vous perdez le contrôle. C'est un cercle vicieux qui se crée à partir de votre souffrance. Alors, vos tentations et vos obsessions ont une emprise sur votre corps et votre esprit. Elles vous isolent des autres, elles vous déconnectent du temps et elles vous rendent malade. En réalité, vous devenez esclave de vos maux et c'est un combat qui commence pour retrouver votre liberté.

Prière du corps

Source de toute vie,
Source de toute lumière,
Source de l'Univers,
Amène-moi à me reconnecter à mon corps.
Que je prenne conscience de mon trésor.
Je m'excuse de parfois l'oublier.
Je suis désolé·e de parfois le dénigrer.
Qu'il me pardonne quand je l'ai repoussé.
Inconditionnellement je suis prêt·e à l'aimer.
C'est mon temple à entretenir et à protéger.
Aide-moi à le remercier pour son efficacité.
Lui qui m'accompagne depuis que je suis né·e.
Aide-moi à voir sa belle supériorité.
Lui qui s'adapte toujours pour ma sécurité.
Montre-moi comment l'écouter.
Lui qui ne me ment jamais.
Guide-moi pour en prendre soin.
Je souhaite lui apporter ce dont il a besoin.
Révèle-moi son importante robustesse.
Envers lui je dois faire preuve de tendresse.
Il m'honore de son éternelle protection.
Me faire vivre est sa plus grande mission.
Pour cela je le respecte sans condition.
Je l'admire pour son travail quotidien.
De mon âme il est le gardien.
Petit, grand, maigre, gros, il est un précieux cadeau.
Malade, handicapé ou en bonne santé, il me permet d'exister.
Merci, qu'il en soit ainsi.

Cette prière est faite pour vous si voulez prendre soin de votre corps, le remercier et renouer avec lui.

Le corps, bien souvent, n'est vu que comme une œuvre d'art. Une œuvre d'art convoitée pour sa beauté. Une beauté qui doit traverser le temps sans perdre de sa valeur. Il est regardé, jugé et critiqué au nom de la superficialité. Il subit l'injonction de l'apparence idéale. Mais il faut prendre conscience que votre corps n'est pas destiné à atteindre une forme de perfection. C'est déjà un bijou de haute biologie et de grandes énergies. Il est parfait pour vous. Il est le vaisseau de votre âme. Prenez conscience que votre corps est un outil et un allié précieux. C'est lui qui rend votre incarnation possible. C'est lui qui vous maintient en vie seconde après seconde, il est programmé pour cela. Voyez le guerrier en lui qui combat la maladie quand elle vous attaque. Voyez l'amoureux en lui quand il vous procure sensation et plaisir. Voyez le magicien en lui quand il guérit vos blessures. Exploiter ses qualités, aimer ses différences et reconnaître sa richesse est le meilleur moyen pour qu'il devienne votre meilleur ami. Si vous vous détournez de lui, vous privez votre âme d'un allié de poids.

Prière pour libérer ses traumatismes

Source de toute vie,
Source de toute lumière,
Source de l'Univers,
J'ai besoin que tu me portes secours.
Baigne-moi de tout ton amour.
Pour me relever réveille ma bravoure.
Par la vie, j'ai été marqué·e.
Je t'implore de m'aider à cicatriser.
Au plus profond de moi, j'ai été brisé·e.
Que ta lumière puisse me restaurer.
Par la peur, j'ai été paralysé·e.
Je te prie de me réanimer.
Guide-moi vers de véritables appuis.
Pour que je puisse avancer dans la nuit.
Mon corps est imprégné de fortes mémoires.
J'accepte qu'elles fassent partie de mon histoire.
Le choc s'estompe pour que revienne l'espoir.
Que tes couleurs remplacent le noir.
Mon cœur est en souffrance.
Il a subi de nombreuses et terribles violences.
Transforme cela en admirable expérience.
Embrasse-le de ta présence.
Mon esprit a fui et s'est perdu.
Que les souvenirs cruels soient suspendus.
Je réalise avec fierté que j'ai survécu.
Je prends conscience d'être soutenu·e.
Mon âme est dans la douleur.

Illumine son incontestable grandeur.
Sublime ses plus grands malheurs.
Sois son céleste guérisseur.
Que mes traumatismes disparaissent en douceur.
Merci, qu'il en soit ainsi.

Cette prière est faite pour vous si vous estimez qu'il est temps de dépasser vos traumatismes.
(Elle ne se substitue en aucun cas à un avis et un suivi médicaux.)

Un traumatisme est la signature d'une grande souffrance. Il apparaît lorsque vous êtes touché violemment et soudainement par un changement douloureux et une transformation profonde difficile. Il peut être physique comme psychologique. Il peut provenir de votre enfance comme d'une expérience récente. Il est la conséquence de votre confrontation à l'inconnu et bien souvent à la mort. Quand vous avez cette impression de perdre votre identité, que tous vos repères habituels s'écroulent et que votre intimité est violée, c'est là que vous devenez traumatisé. Et faire face à ses traumatismes est un véritable défi. Le TSPT (trouble de stress post-traumatique) est une réaction bien réelle qui met en avant votre vulnérabilité. C'est une prison qui vous ramène continuellement vers l'événement, la situation ou la personne à l'origine du choc. Cette expérience de la souffrance ne doit en aucun cas être oubliée, mais surmontée. Même si cela peut vous paraître impossible, sachez que l'Univers ne vous enverra jamais plus que ce que vous pouvez supporter. Le traumatisme, malgré son apparence négative, est en réalité une belle opportunité de renaissance.

Voici trois méthodes que je vous invite à essayer auprès d'un thérapeute :

- la TCC (thérapie comportementale et cognitive) ;
- l'EMDR (thérapie de désensibilisation par mouvements oculaires) ;
- l'hypnose.

Prière pour chasser la dépression

Source de toute vie,
Source de toute lumière,
Source de l'Univers,
Ramène en moi le soleil.
Sors-moi de ce sommeil.
Chasse mon irritabilité.
Entoure mon âme de gaieté.
Balaie mon manque d'intérêt.
Pour que ma vie se remette à palpiter.
Que ta lumière éclaire mon néant.
Que ton amour me rende vivant·e.
Je te demande de m'aider à réguler mes humeurs.
Je te prie de me guider vers un état meilleur.
Illumine mes idées noires.
Redonne-moi le pouvoir.
En m'offrant un infini espoir.
Délivre mon mental torturé.
Arrose mon cœur desséché.
Ta présence dissout mon apathie.
Ta force me procure l'énergie.
La confiance devient mon habit.
À nouveau, mon visage sourit.
Je me relève, je me redresse.
Je laisse partir la tristesse.
Être déprimé·e m'a piégé·e.
Je récupère maintenant ma liberté.
Être en dépression m'a éteint·e.
Je brille aujourd'hui et pour mes lendemains.
Mon mal-être est derrière moi.
En mon sein, l'harmonie flamboie.
Merci, qu'il en soit ainsi.

Cette prière est faite pour vous aider si vous traversez une dépression, une déprime ou un coup de blues.

(Elle ne se substitue en aucun cas à un avis et un suivi médicaux.)

Le mal-être est un sentiment douloureux de ne pas – ou plus – être aligné avec soi-même, les autres et le monde.

Il peut toucher n'importe qui et apparaître à tout âge, à la suite de difficultés (financières, sentimentales, professionnelles…) ou d'événements traumatisants (deuil, accident, agression…), mais aussi sans raison apparente. C'est un mélange et une fusion des émotions les plus basses et les plus négatives que l'être humain peut ressentir. La tristesse, la solitude, la peur, le désespoir, la colère et même parfois la haine vous assaillent constamment. Cela vous empêche d'être qui vous êtes réellement et cela vous empêche clairement de vivre. C'est une mort intérieure qui s'engage. Vous êtes alors en détresse. Et cette détresse se traduit généralement par ce que l'on appelle une dépression. Votre âme vous envoie un SOS pour plonger au cœur de votre intériorité. Et faire ce voyage, c'est comme plonger dans les profondeurs de l'océan. C'est évident qu'il est plus facile de rester à la surface où vous avez pied, avec la lumière du soleil qui vous rassure et vous réconforte. Alors que quitter le confort de la plage pour aller nager dans vos abysses à la recherche d'un trésor vous demande d'importants efforts. Il est alors judicieux d'essayer d'apprendre à nager à travers vos pensées pour ne pas couler à pic. Il est primordial de canaliser votre peur face à l'obscurité de votre inconscience. Il est nécessaire de retenir votre ego pour ne pas boire la tasse et vous noyer. Sous l'océan, vous pouvez rencontrer des monstres marins et des épaves, comme vous pouvez au fond de vous découvrir des traumatismes et des blessures. Vous pouvez vous retrouver face à un requin qui vous paralyse comme à une sirène qui vous émerveille. Toucher le fond provoque un tsunami qui vous oblige à retenir votre respiration pour atteindre une nouvelle dimension de vous-même. Mais manquer d'air pendant un temps vaut le coup si vous parvenez à découvrir votre Atlantide.

Prière de la vie

Source de toute vie,
Source de toute lumière,
Source de l'Univers,
Vivre est mon aventure.
J'arrête de m'en exclure.
Le miracle de mon être, je capture.
Que se réveille l'énergie d'incarnation.
Mon existence est une révélation.
Vivre est ma grande mission.
Je suis l'enfant de la création.
J'existe avec passion.
La joie est mon émanation.
Ma naissance est une illumination.
En mon cœur, c'est l'excitation.
Ma présence ici est une exaltation.
Que chacun de mes atomes vibre.
Pour que ma lumière soit libre.
Que chacune de mes cellules pétille.
Pour que mon essence brille.
Que chacune de mes fibres s'illumine.
Pour que ma vie chemine.
Ma peur d'avancer a reculé.
Ma peur des erreurs est corrigée.
Ma peur d'éclore est enterrée.
Je suis absolument confiant·e.
Je suis ici et maintenant vivant·e.
En moi, l'énergie est en mouvement.
J'ai le désir de vivre pleinement.
J'ai l'envie de vivre entièrement.
Mon esprit est en effervescence.
Mon âme est ma quintessence.
L'amour de la vie est en émergence.
Merci, qu'il en soit ainsi.

Cette prière est faite pour raviver la vie au plus profond de vous.

Je ne pense pas que vous ayez vraiment peur de la mort. La mort est facile, car il n'y a aucun enjeu derrière. La mort peut même paraître douce. Ne dit-on pas « reposer en paix », comme si cela était une récompense que vous aviez attendue durant toute votre vie ? La mort est le point final de votre histoire ici et maintenant, un point qui est simple à poser sur la feuille de votre existence. Car vous n'avez pas de choix à faire. La mort est une évidence. Le plus difficile, c'est d'écrire la phrase qui précède ce point. Le plus dur, c'est de commencer cette phrase qui va raconter qui vous êtes et ce que vous souhaitez transmettre. La vérité, c'est que la vie vous terrifie. Vous avez peur de vivre ! Car vivre, contrairement à mourir, c'est faire des choix et des efforts. C'est faire des choix pour assumer qui vous êtes. C'est faire des efforts pour vous révéler. La mort ne vous demande rien. La vie vous demande de vous mettre à nu. Elle vous pousse à vous comprendre à travers l'expérimentation. Elle vous invite à ressentir à travers vos émotions. D'une certaine manière, la vie vous force à être authentique. Elle vous pique et vous caresse pour que votre identité vous apparaisse. Or, l'idée de révéler votre réelle essence au monde entier vous angoisse. C'est pour cela que, bien souvent, au lieu d'utiliser la vie comme une tribune pour vous présenter, vous l'utilisez comme une scène de théâtre pour vous cacher. Vous devenez alors un mort-vivant. Et vous vous en accommodez, car un mort ne souffre pas et ne peut se tromper. Et ce sont deux choses que vous voulez fuir à tout prix malgré la richesse qui se cache derrière. La vie vous motive à prendre les armes pour vous libérer et défendre votre souveraineté. La vie vous fait l'amour et la guerre pour que vous trouviez votre place. Et cela demande beaucoup de courage et d'efforts. Alors que la mort, elle, vous invite à déposer les armes et ne vous demande rien en retour. D'ailleurs, ne dit-on pas que c'est plus difficile pour ceux qui restent plutôt que pour ceux qui partent ? La mort représentera toujours une fin en soi, mais sans pour autant incarner une victoire. La mort est banale alors que la vie est un exploit ! Mais vous préférez l'occulter. Cela pour faire en sorte de ne pas avoir mal, de ne pas être jugé, de ne pas être déçu. Vous tremblez face à l'intensité et la beauté de la vie. Alors que la mort n'est pas vraiment impressionnante. Elle est plate, sobre et sans saveur. La vie, par contre, vous intimide en étant surprenante et bouleversante. Vous avez peur de sa puissance, peur des messages et de la réussir. Vous n'avez pas peur de mourir : vous avez peur de vivre !

Les prières du quotidien

Le quotidien est sacré quand l'habitude se transforme en rituel

Il paraît que tomber dans une routine n'est pas très excitant. Votre quotidien peut vous paraître très ordinaire. Pourtant, vos habitudes ont des bienfaits et des avantages appréciables. Tant que vous leur donnez du sens, elles seront vos meilleures amies. Votre quotidien vous apporte une stabilité sécurisante qui vous réconforte. Il offre à votre vie un équilibre bénéfique pour vous aider à vous canaliser. Il est un soutien indispensable pour vous obliger à avancer malgré la tempête. C'est l'allié idéal pour vivre concrètement l'expérience humaine. Il vous rattache à la matière, ce qui vous permet d'être bien ancré. En vous obligeant à la répétition successive, il vous ouvre la porte de la maîtrise. La simplicité est aussi son plus grand enseignement. Grâce à lui naissent les traditions.

Ces prières sont faites pour créer dans votre vie de tous les jours des rituels qui amélioreront votre quotidien. Elles vous dévoileront la poésie qui se cache derrière vos journées dites « banales ». Elles vous permettront de ramener du sacré dans vos gestes habituels. Vous pourrez enfin voir l'extraordinaire dans l'ordinaire.

Prière du matin

Source de toute vie,
Source de toute lumière,
Source de l'Univers,
Après cette nuit je me sens reposé·e.
Je me lève avec sérénité.
Ce matin, entoure-moi de ta bonté.
Que ta présence puisse aujourd'hui m'accompagner.
Je suis plein·e d'amour pour cette nouvelle journée.
Partage ton énergie pour me motiver.
Veille sur moi pour me protéger.
Montre-moi que ce nouveau jour est sacré.
Merci de me révéler toute sa beauté.
Ouvre-moi à toutes ses possibilités.
Je suis attentif·ive à ses opportunités.
Fais que je tombe sur de beaux miracles.
Écarte de mon chemin les obstacles.
Allège-moi de ce qui m'encombre.
Pour que je puisse faire de belles rencontres.
Qu'il y ait plus de rires que de peurs.
Qu'il y ait plus de sourires que de pleurs.
Je choisis aujourd'hui la joie.
Pour attirer le meilleur vers moi.
Ce nouveau jour est abondance.
Merci de m'entourer de chance.
J'avance jusqu'au soir avec aisance.
Merci, qu'il en soit ainsi.

Cette prière est faite pour vous si vous souhaitez bien commencer votre journée.

« Se lever du bon pied » : voici une belle expression pour vous inciter à vous mettre dans de bonnes conditions afin d'influencer le reste de votre journée. Vous le savez, comme je le dis souvent, tout n'est qu'énergie et tout n'est qu'une question de choix. Donc, pour être prêt à affronter ce qui vous attend et passer une bonne journée, il est judicieux de poser des intentions positives dès que vous ouvrez les yeux. Chaque jour, il est bénéfique pour vous de choisir les vibrations dans lesquelles vous voulez baigner. Un sourire au saut du lit vous apportera facilité et fluidité, alors qu'une grimace vous apportera effort et résistance. Penser et vous comporter en gagnant vous fera passer un jour plus agréable que de penser et vous comporter en perdant. Je ne dis pas qu'avoir une attitude optimiste vous évitera les difficultés et les imprévus au cours de votre journée, mais cela vous permettra de les accueillir et d'y faire face plutôt que de les subir.

Prière du soir

Source de toute vie,
Source de toute lumière,
Source de l'Univers,
Merci pour cette journée qui vient de passer.
J'ai besoin maintenant de me reposer.
Mon corps et mon esprit doivent se ressourcer.
Berce mes émotions pour les rassurer.
Amène au sein de mon cœur la paix.
Dans mon lit, je suis en sécurité.
Libère-moi du mental.
Pour que la fatigue s'installe.
Porte mon attention sur ma respiration.
Je me calme avec l'inspiration.
Je me décontracte avec l'expiration.
J'évacue toute la pression.
Soulage mes tensions pour me détendre.
Que le sommeil vienne me surprendre.
Protège-moi quand je suis endormi·e.
Les cauchemars sont bannis.
Je te demande une nuit paisible.
Que le monde des rêves me soit accessible.
Éloigne de moi l'insomnie.
Je me reconnecte à mon âme cette nuit.
Merci, qu'il en soit ainsi.

Cette prière est faite pour vous si vous souhaitez vous endormir rapidement et passer une bonne nuit.

Je vous rappelle que vous êtes un être cyclique, et qu'il est important pour votre équilibre et votre épanouissement de respecter cela. Avec le jour, vous êtes dans l'action et dans la conscience alors qu'avec la nuit, vous êtes dans la passivité et dans l'inconscience. Avec le sommeil, vous quittez le monde extérieur pour plonger dans votre monde intérieur. Il est le meilleur moyen pour soulager et régénérer votre corps. C'est la manière la plus rapide et la plus saine pour vous ressourcer. Dormir est essentiel pour renouer avec le monde subtil à travers vos rêves. Le soir est la porte ouverte à l'inspiration et au repos, afin justement d'avoir l'énergie et les idées pour être créateur en journée. En général, vous avez besoin de sept à huit heures de sommeil par nuit. Pourtant, vous pouvez avoir tendance à négliger cela en vous couchant avec l'énergie du jour. C'est-à-dire avec l'impatience d'être déjà demain, avec le mental qui tourne à fond, avec cette idée que dormir est une perte de temps, et tout cela entraîne des troubles du sommeil et des insomnies. Devoir aller vous coucher ou devoir faire une sieste ne représente pas un frein, mais un tremplin.

Prière en toutes occasions

Source de toute vie,

Source de toute lumière,

Source de l'Univers,

Merci pour l'amour que tu me transmets chaque jour.

Merci de me donner la force d'accepter les choses que je ne peux changer.

Et de me donner l'envie de changer celles qui peuvent l'être.

Merci de veiller sur moi-même, sur ma famille, sur mes amis et sur tous ceux qui partagent ma vie.

Imprègne-moi de courage pour aller jusqu'au bout de mes rêves.

Et apporte-moi la détermination pour concrétiser tous mes projets.

Chasse mes peurs et mes doutes, pour que la volonté et la confiance apparaissent.

Offre-moi la guérison et la santé du corps.

Merci d'éveiller ma spiritualité, que de ta sagesse je sois bercé·e.

Merci de me permettre de voir, d'entendre, de comprendre et de ressentir mes guides et mes anges gardiens.

Merci de me montrer le bon chemin, pour que je puisse faire les bons choix demain.

J'accepte d'être qui je suis.

Pour être. (chakra racine)

Pour ressentir. (chakra sacré)

Pour faire. (chakra plexus solaire)

Pour aimer. (chakra cœur)

Pour m'exprimer. (chakra gorge)

Pour voir. (chakra du troisième œil)

Pour enfin comprendre. (chakra couronne)

Que ma lumière soit bienveillante et infinie.

Merci, qu'il en soit ainsi.

Cette prière est faite pour vous si votre intention n'est pas bien définie.

Parfois, vous pouvez ne pas savoir ce dont vous avez besoin. Vous ressentez au fond de vous qu'il vous manque une chose pour être épanoui ou qu'il y a une émotion qui vous dérange sans arriver à mettre le doigt dessus.

Et parfois, au contraire, il arrive que vous ayez l'impression d'avoir besoin de tout. Que vous avez besoin d'aide dans tous les domaines de votre quotidien. Alors cette prière est idéale, car elle est un astucieux mélange de gratitude et de demande sur plusieurs plans de votre vie. Elle va même jusqu'à activer vos sept principaux chakras. D'ailleurs, lorsque vous arrivez à cette partie de la prière, je vous invite à visualiser chacun de vos chakras s'ouvrir d'une belle lumière de la couleur associée.

Prière pour la maison

Source de toute vie,
Source de toute lumière,
Source de l'Univers,
Je te remercie de bénir mon foyer.
Fais que, chez moi, je sois protégé·e.
Fais que, chez moi, je me sente en sécurité.
Invite les énergies positives à entrer.
Ferme la porte à toute négativité.
À travers ces murs, crée un refuge réconfortant.
À travers ce toit, veille sur ses habitants.
Par les fenêtres, laisse passer le meilleur.
Que la lumière du soleil apporte sa chaleur.
Que l'éclat des étoiles apporte leur douceur.
Il fait bon vivre à l'intérieur.
Transforme ce lieu de vie en havre de paix.
J'ai de la gratitude d'être logé·e.
J'ai trouvé avec cette résidence un véritable abri.
Mon domicile réunit avec plaisir famille et amis.
Rends ma demeure reposante.
Chaque pièce est ressourçante.
Parfume l'ambiance de respect.
Imprègne le sol de stabilité.
Éclaire chaque pièce de bonté.
Je demande à la sérénité d'emménager.
J'invite la convivialité à s'installer.
L'amour est le décor de cette maison.
Le bonheur est le maître de cette habitation.
Merci, qu'il en soit ainsi.

Cette prière est faite pour vous si vous souhaitez rendre votre foyer accueillant et vous sentir bien chez vous.

(Prière idéale pour un emménagement, lors d'une pendaison de crémaillère.)

Votre lieu de vie est le temple qui protège votre intimité. Il est le sanctuaire qui vous permet de vous reposer et de vous développer. En son sein, il vous invite à faire tomber vos masques et à enlever votre armure pour vous retrouver. C'est un endroit qui vous offre la liberté d'être vous-même. Il reflète votre personnalité et ouvre les portes sur votre identité. Il est un passage dans la matière vers votre intérieur subtil. Votre foyer est un repère fixe important dans un quotidien mouvementé. Trouver un chez-soi est l'ancre qui vous empêche d'errer sans fin. Il est donc indispensable de rendre votre demeure la plus agréable possible pour en tirer tous les bénéfices. Considérez votre maison comme un membre de votre famille.

Prière des retrouvailles

Source de toute vie,
Source de toute lumière,
Source de l'Univers,
J'en appelle à ton omniprésence.
S'il te plaît, utilise ton omnipotence.
Pour m'aider à retrouver .... égaré·e.
Que me revienne ce qui s'est envolé.
Rapproche-moi de ce qui s'est éloigné.
Ramène vers moi ce qui a disparu.
Que j'obtienne ce qui a été perdu.
Je prie pour ce qui m'a été enlevé.
Fais réapparaître ce qui s'est évaporé.
Ce qui m'est précieux est récupéré.
Protège ce qui pour moi est unique.
Calme et apaise ma panique.
Mon cœur appelle ce qui est manquant.
Mon âme cherche le bien/l'animal absent.
J'attire ce qui est mien.
Ce que je possède me revient.
Guide-moi vers ce qui m'appartient.
Ou dépose-le/la entre de bonnes mains.
Crée entre nous le rapprochement.
À la maison qu'il/elle rentre rapidement.
Merci, qu'il en soit ainsi.

Cette prière est faite pour vous si vous souhaitez retrouver un objet ou un animal perdu.

La perte engendre forcément un manque. Quand le manque se fait sentir, c'est la preuve qu'il existe un lien entre vous et la chose perdue. Soit c'est en lien avec un aspect pratique qui vous facilite la vie, comme avec vos clés de voiture ou votre carte bleue. Soit c'est un lien affectif qui vous procure des émotions positives, comme avec votre livre favori ou votre alliance. Perdre ou égarer une chose vous fait prendre conscience de la valeur de ce qui a été perdu. La perte peut avoir plusieurs leçons à vous transmettre. Premièrement, elle existe pour vous apprendre à vous défaire de la matière. C'est un moment qui vous enseigne le détachement et le lâcher-prise. Cela peut être interprété comme une invitation au minimalisme. Deuxièmement, elle met à l'épreuve votre adaptabilité. Elle est un moyen de relancer le mouvement dans votre vie en vous poussant à l'action. Troisièmement, elle peut vous signifier qu'il y a un manque d'ancrage de votre part, ce qui influe sur votre concentration. Vous devenez alors tête en l'air et perdre vos affaires devient une habitude. Enfin, vous le savez, il n'y a jamais de hasard, donc n'hésitez pas à comprendre le sens caché et la symbolique derrière ce qui a été perdu. Par exemple, perdre ses papiers soulève forcément une question sur votre identité. Perdre les clés de votre voiture vous parle de votre liberté de déplacement et donc de votre indépendance. Alors que perdre les clés de votre foyer exprime un sentiment d'insécurité. Perdre vos lunettes de vue met en lumière un manque de clarté. Perdre votre téléphone met en évidence des problèmes de communication. À vous d'écouter ce que l'Univers essaye de vous dire. Si l'objet perdu ne vous revient jamais, c'est qu'un nettoyage était nécessaire.

Prière de la vocation

Source de toute vie,
Source de toute lumière,
Source de l'Univers,
Montre-moi au plus vite ma vocation.
Que se présente une belle proposition.
Mes qualifications sont mises à contribution.
Dirige-moi vers l'expérience idéale.
Ma recherche est viscérale.
Exauce mon rêve impérial.
Que mes compétences soient révélées.
Dans un travail qui puisse me combler.
Mon cœur me parle de mes passions.
Mon âme me dévoile une profession.
Pour moi, j'appelle l'emploi parfait.
Une carrière pour m'aligner.
Je trouve un travail qui me ressemble.
En lui, tous mes talents se rassemblent.
J'accède à un métier qui a du sens.
Une activité qui reflète mon essence.
Pour la communauté, je découvre mon rôle.
Que la véritable joie soit ma boussole.
Mon savoir-faire est réclamé.
Mon savoir-être est appelé.
L'évidence m'offre l'opportunité.
Ma place dans le groupe m'apparaît.
Ma mission dans le monde m'est révélée.
Ma vie professionnelle est transformée.
Merci, qu'il en soit ainsi.

Cette prière est faite pour vous si vous souhaitez attirer le métier en lien avec votre vocation.

Le travail, de par son étymologie, a toujours été relié à l'énergie de la torture. Travailler, c'est fournir un effort soutenu pour obtenir un résultat. C'est pour cette raison que, pour la grande majorité des gens, le travail est perçu comme une contrainte, voire comme une punition. Le travail brut, s'il est exécuté sans âme, vous rend esclave. Alors que la vocation vous libère en apportant du sens et de la légèreté à votre travail. La vocation est un appel évident. Elle éclaire vos aspirations les plus profondes. Vous pouvez la repérer facilement, car elle s'exprime naturellement depuis votre enfance. C'est une chose que vous ne pouvez vous empêcher de faire, que vous faites très souvent sans vous en rendre compte. Cela peut être un don, une qualité, un atout, un talent, une ressource qui vous est propre. Pour vous, cela paraît facile, agréable et enrichissant. C'est un savoir ou un savoir-faire, parfois les deux, qui vous anime intérieurement.

Votre vocation met en lumière ce pour quoi vous êtes doué. La trouver vous délivre d'une servitude toxique ou d'une errance douloureuse. Votre métier peut l'incarner. Comme elle peut aussi être juste une activité parallèle ou un simple hobby. Souvent, elle est en étroite relation avec votre mission de vie, mais pas toujours.

Pour des résultats plus rapides et miraculeux, n'hésitez pas à associer cette prière avec celle du potentiel (p. 208).

Prière de la gratitude

Je remercie la source de toute vie.
Je remercie la source de toute lumière.
Je remercie la source de l'Univers.
Et je me remercie moi-même.
Pour tout ce que je suis.
Pour tout ce que l'on m'a donné.
Pour tout ce que l'on m'a offert.
Et pour tout ce que j'ai reçu.
Je suis infiniment et éternellement reconnaissant·e.
Merci, qu'il en soit ainsi.

Cette prière est faite pour vous si vous ne disposez que de peu de temps mais que vous souhaitez tout de même remercier la vie. La gratitude est un mélange d'optimisme et d'humilité. Son énergie détourne votre regard du vide et du manque pour porter votre attention sur l'abondance déjà présente. Elle vous permet de vous rendre compte des bénédictions et des privilèges que vous recevez chaque jour. Ces bienfaits modifient alors votre perception, ce qui change votre réalité. Par elle, vous comprenez que la richesse prend de multiples formes et que la prospérité est omniprésente. La gratitude, c'est le meilleur moyen de vous sentir toujours chanceux plutôt qu'être malheureux. Sa pratique offre de l'importance aux détails et redonne de la valeur à ce que vous avez considéré comme acquis. Sa vibration vous amène à la satisfaction et à la liberté en vous délivrant de vos frustrations. Elle vous ramène à l'évidence parfois oubliée et à l'essentiel parfois dénigré. Selon certaines études, pratiquer la gratitude tous les jours permet de faire diminuer votre stress et vous amène à ressentir un bonheur plus durable. C'est une paire de lunettes qui vous conduit à voir la vie du bon côté sans tomber non plus dans une forme de naïveté. Un remède simple, gratuit et efficace pour guérir de votre cupidité, de votre jalousie et de votre avidité. La gratitude permet de vous ouvrir à la chance au lieu de vous maudire. Pour la pratiquer facilement chaque jour, n'hésitez pas à faire cet exercice très puissant le matin au réveil ou le soir avant de vous coucher. Dans un journal, listez :

- trois choses pour lesquelles vous êtes reconnaissant·e ;
- trois personnes que vous avez envie de remercier ;
- trois lieux que vous aimez.

Les prières de célébration

La mémoire est dans la tête. Le souvenir est dans le cœur

La célébration est la matérialisation d'une émotion ou d'une énergie. Célébrer un événement, c'est honorer cet instant qui a du sens pour vous. C'est porter votre attention sur un moment pour le rendre spécial. Fêter ce passage dans votre vie vous permet d'intégrer toute sa symbolique et toute sa richesse. Dans cet acte, il y a un besoin de communion qui vous pousse à renforcer vos liens avec vous-même ou avec vos semblables. C'est apporter une distinction pour rendre cela sacré. Il y a cette envie de reconnaissance et de considération pour des valeurs ou des personnes qui vous tiennent à cœur. Dans la célébration, il y a vraiment ce respect du passé avec beaucoup d'espoir en l'avenir. En faisant cela, vous encensez l'histoire de l'humanité.

Ces prières vont vous permettre de glorifier votre quotidien. Elles vont vous aider à porter votre intérêt sur des dates clés de transformation. Elles sont là pour couronner les transitions de la vie en créant de beaux souvenirs.

Prière des défunts (Halloween)

Source de toute vie,
Source de toute lumière,
Source de l'Univers,
La mort n'est qu'une transition.
Permets-moi de voir son horizon.
Mon troisième œil s'ouvre en grand.
Le voile devient transparent.
Que s'ouvrent les portes de l'au-delà.
Pour accueillir les esprits qui sont là.
Ma médiumnité prend sa place.
Le monde invisible, j'enlace.
À la rencontre de mes défunts, je vais.
Les âmes errantes sont appelées.
Mais toujours en étant protégées.
Aux disparus, je montre mon respect.
Pour que jamais ils ne soient oubliés.
Leurs vérités me sont données.
Leurs mémoires, je transmets.
J'honore ceux qui sont de l'autre côté.
À ceux qui sont partis, je réponds présent·e.
La vie et la mort sont amants.
Merci, qu'il en soit ainsi.

Cette prière est faite pour vous si vous souhaitez rendre hommage ou rentrer en contact avec vos morts, et développer votre médiumnité.

La vie est toujours mise sur le devant de la scène. Mais, depuis les coulisses, c'est la mort qui l'éclaire de ses projecteurs afin qu'elle puisse s'exprimer. La mort est le carburant de la vie. Comme la tristesse qui sublime la joie, la mort honore votre naissance. La mortalité vous éveille à la vie et à toutes ses richesses. Si vous deviez être immortel, vous vivriez comme anesthésié. Car la mort apporte du sens à votre existence. La mort est équitable envers nous tous. Elle est la peintre qui vous permet de colorer vos journées. C'est une livreuse de motivation, de volonté, de détermination et de gratitude pour votre quotidien. Elle permet de relativiser vos soucis, elle embellit vos joies et vos réussites, elle vous amène à réaliser vos rêves. Pourtant, malgré son superpouvoir de vous rendre vivant, vous avez tendance à la détester, à vouloir la fuir et l'oublier. Vous n'aimez pas ses enfants, qui sont l'oubli et le manque. Mais c'est votre ego qui adopte l'enfant de la peur de l'oubli. Être oublié après votre départ est impossible, car la mémoire est dans la tête, mais le souvenir est dans le cœur. La mort est une supportrice de l'amour. Et, vous le savez, l'amour transcende le temps et l'espace. Avoir aimé et être aimé vous assurent l'éternité. En ce qui concerne l'enfant du manque, c'est votre cœur qui a tendance à l'adopter. Le vide que crée l'absence du défunt, le manque qui vous torture n'est pas un poison douloureux, mais justement une aide contre l'oubli des êtres aimés. C'est un rappel évident de la chance inestimable que vous avez d'être en vie. Les personnes disparues vivent pour toujours à travers vous. Leurs histoires perdurent dans vos larmes, mais surtout au travers de votre soif de vivre. Vivre avec les yeux humides et le sourire aux lèvres est la meilleure façon d'être proche de vos morts.

Petite astuce : pour apporter plus de force à cette prière, n'hésitez pas à la réciter le soir du 31 octobre.

Prière des vœux (jour de l'An)

Source de toute vie,
Source de toute lumière,
Source de l'Univers,
Je me souhaite une bonne année.
Mes vœux pour demain sont envoyés.
De nouveaux rêves sont semés.
De nouveaux projets sont révélés.
Que s'ouvre un nouvel horizon.
Je pose mes plus belles intentions.
Pour une nouvelle impulsion.
Je livre mes plus sincères résolutions.
Pour une énergie de construction.
Avec confiance se fait la transition.
Avec joie, je fête le réveillon.
Le renouveau est ma célébration.
À l'année passée, je dis au revoir.
Pour dans la nouvelle recevoir.
En ...., j'espère le meilleur.
En ...., j'accueille le bonheur.
L'année à venir est une chance.
L'année à venir est pleine d'abondance.
Je crois en une année emplie d'opportunités.
Je crois en une année aux multiples possibilités.
Famille, amour, amis et santé sont présents.
Une année riche m'attend.
Vers moi, le beau et le bon sont attirés.
Je me souhaite une très belle année.
Merci, qu'il en soit ainsi.

Cette prière est faite pour vous souhaiter et croire en une bonne nouvelle année.

Le passage à la nouvelle année est un portail de tous les possibles. C'est un égrégore puissant, qui permet de projeter vos souhaits les plus chers sur cette nouvelle année qui s'annonce. Énergétiquement, cette célébration vous permet de dire au revoir à l'ancien pour mieux accueillir le renouveau. Cette transition vous offre une page blanche pour visualiser de nouveaux rêves et mettre en place de bonnes résolutions. C'est une chance de croire que le plus beau et le meilleur vous attend. Car l'être humain, avant d'être un homme de savoirs, est un homme de croyances. Depuis la nuit des temps, vous entretenez, vous cultivez et vous créez des croyances multiples et diverses. Parfois des croyances salvatrices et magiques, parfois des croyances bloquantes et limitantes. Mais, qu'elles soient bonnes ou moins bonnes, vous avez besoin d'elles, car elles vous élèvent ou vous protègent. Vraies ou fausses, il n'y a que vous pour en décider.

Vos opinions sont fondées sur vos croyances. Vos comportements sont les conséquences de vos croyances. Les livres, les films, l'art et même les lois constituent autant de croyances déguisées. Elles vous amènent des défis dans votre vie. Elles vous offrent de la force dans votre existence. Elles vous donnent du sens dans votre incarnation. Croire anime votre volonté et stimule votre motivation. Croire, c'est être le chef d'orchestre de vos espoirs. Vous avez besoin de croire en l'amour pour vous sentir vivant. Vous avez besoin de croire en vous pour avoir confiance. Vous avez besoin de croire en vos proches pour vous sentir soutenu. Vous avez besoin de croire aux mythes et aux légendes pour rêver encore et toujours. Vous avez besoin de croire en l'avenir pour changer le monde. Croire en plus grand que soi, c'est s'ouvrir aux miracles. Alors, n'hésitez pas à croire à une année des plus radieuses.

Petite astuce : pour apporter plus de force à votre prière, n'hésitez pas, avant de la réciter, à écrire sur un morceau de papier tous vos rêves les plus fous et vos envies les plus folles pour cette nouvelle année. Ensuite, brûlez-le tout en faisant votre prière.

Prière de la naissance (anniversaire)

Source de toute vie,
Source de toute lumière,
Source de l'Univers,
Aujourd'hui, c'est le jour où je suis né·e.
Cela fait .... ans que je me suis incarné·e.
Je suis heureux·se et reconnaissant·e d'exister.
Permets-moi de me célébrer.
J'honore avec ces mots ma personne.
Par cette prière, de l'importance je me donne.
Je regarde l'être que je suis.
Et je me dis mille fois « oui ».
Je regarde l'être que je serai.
Et je lui dis que je suis prêt·e à l'aimer.
J'admire le chemin parcouru jusqu'à présent.
Et je glorifie mon évolution maintenant.
Je reconnais ma chance de vivre.
Mon histoire, je promets de suivre.
J'embrasse avec ferveur mon destin.
Je vénère avec attention mon quotidien.
Mon identité complète et entière, je soutiens.
Un bon anniversaire à toi mon âme qui m'anime.
Merci pour ton immortalité qui s'illumine.
Un bon anniversaire à toi mon esprit qui est magique.
Merci pour ton immense potentiel unique.
Un bon anniversaire à toi mon cœur qui bat pour aimer.
Merci pour ton amour et ton cadeau de la vérité.
Un bon anniversaire à toi mon corps qui me porte et me protège.

Merci de m'accorder ce privilège.
Un bon anniversaire à toi ma lumière qui m'éclaire.
Merci de me faire grandir dans l'Univers.
........, je te souhaite un bon anniversaire.
Merci, qu'il en soit ainsi.

Cette prière est faite pour vous si vous fêtez votre anniversaire avec l'envie de vous offrir un beau cadeau.

Célébrer votre anniversaire est une ode à la vie qui rayonne en vous. En faisant cela, vous manifestez votre gratitude envers votre âme. C'est la conscientisation de votre incarnation. Ce jour-là est un relais qui vous invite à prêter attention au monde du vivant. En célébrant votre naissance, c'est la naissance de toute l'humanité que vous mettez en lumière.

Votre anniversaire est un hymne à votre singularité. Vous ouvrez vos bras à la personne parfaitement imparfaite qui se réalise dans l'état d'être. La célébration de votre existence passe par votre anniversaire. Cela vous permet d'honorer la personne que vous étiez, celle que vous êtes et celle que vous serez. C'est un temps de bilan et de contemplation de votre cheminement. Grâce à lui, vous naissez une nouvelle fois, pour ne jamais oublier que vous personnifiez la vie elle-même. Prenez conscience que votre présence est une couleur, une nuance de plus dans ce grand tableau de l'Univers. Vous êtes une œuvre d'art signée par la main divine. Et votre anniversaire représente l'occasion d'affirmer votre valeur inestimable.

Petite astuce : prière à réciter le jour de votre anniversaire.

Prière d'union (mariage)

Source de toute vie,
Source de toute lumière,
Source de l'Univers,
Donne-moi l'envie de fournir des efforts.
Pour que notre couple reste fort.
La grâce nous est donnée au quotidien.
La gratitude de s'être trouvés est là chaque matin.
Alors l'amour bâtit nos lendemains.
Jour après jour, la communion est là.
Nous avançons pas à pas.
La beauté de notre union, nous protégeons.
Nous entretenons l'étincelle de la passion.
La chance sourit à notre relation.
La confiance est notre accroche.
L'authenticité nous rapproche.
Que le romantisme nous accompagne.
C'est la tendresse qui gagne.
À deux, nous relevons les défis.
À deux, nous célébrons la vie.
Par Aphrodite, soyons bénis.
Face à face, c'est l'évidence.
On sublime nos ressemblances.
Et on admire nos différences.
Cupidon nous fait des confidences.
Notre lien est solide.
Nos cœurs nous guident.
Entre nos âmes, c'est limpide.
De nos deux êtres, c'est le mariage.

Nous aimer est le message.

Merci, qu'il en soit ainsi.

Cette prière est faite pour célébrer votre mariage au quotidien.

Le mariage est souvent vu comme une preuve d'amour, une décision importante. Un but ultime pour valider vos sentiments amoureux. Prend alors place soit le mariage religieux, qui honore la tradition et les croyances, soit le mariage civil, qui met en avant la modernité et le rationalisme. Dans les deux cas, cela n'est pas une preuve d'amour. Car prouver votre amour ne peut se résumer à une seule journée. L'amour se prouve chaque jour. Votre amour se trouve dans la répétition d'actes sincères et de mots authentiques au quotidien. Mais, en aucun cas, il ne se trouve dans des vœux appris par cœur, que vous aurez prononcés une seule fois pour ensuite les oublier. Le mariage évoque cette image d'une journée parfaite, il est idéalisé. Alors que l'amour peut être imparfait et violent. C'est pour cela que votre mariage doit vous ressembler, il doit être à l'image de ce que vous ressentez et non refléter les diktats d'une société ou le masque d'une religion. Puis, avec le mariage, vient cette idée que l'amour est acquis. Mais l'amour ne se capture pas, ne s'enferme pas et surtout ne se possède pas. L'amour s'offre pour ouvrir et libérer. Attendre et espérer le mariage, c'est être dans la réception, alors que l'amour est toujours dans le don. Le mariage n'est qu'une option et non pas une finalité à votre amour. Le mariage, c'est un engagement vis-à-vis de l'autre, c'est un investissement sur votre union, c'est une promesse de faire au mieux. Ce mariage ne commence donc pas quand vous êtes devant le prêtre ou le maire. Il commence dès votre première rencontre avec l'autre. Le mariage n'est pas une preuve d'amour sacrée, c'est un état naturel omniprésent dès que deux personnes entrent en relation. Oui : vous avez déjà été marié au moins une fois.

Petite astuce : c'est une prière à réciter idéalement le jour de votre mariage.

Partie 3

Prières des émotions

Pour mettre en lumière ses sentiments (le cœur)

Les prières d'amour

L'amour est l'atome originel qui constitue et relie chaque être

L'amour est le maître de votre cœur et le compagnon de votre vie. Il est le héros dans l'histoire de votre existence. L'Univers vous l'a transmis comme votre héritage. C'est un feu éternel qui brûle en vous pour vous réchauffer et vous éclairer sur le chemin de votre incarnation. Il est votre première relation, qui ne connaîtra jamais la séparation. Le lien entre vous et lui est immuable. L'amour que vous donnez est une union que vous créez. Vous avez le pouvoir de répandre cette vibration comme le remède absolu.

Ces prières vont vous connecter à l'amour inconditionnel et universel pour tomber amoureux encore et toujours, de vous-même et des autres. Elles vous guideront pour trouver votre amour-propre en vous aimant sincèrement et profondément. Elles vous aideront à appeler avec conviction le grand amour de vos rêves. L'amour est l'énergie vitale pour vivre. Aimer ne s'apprend pas, c'est inné, vous l'avez parfois juste oublié. Rappelez-vous : votre qualité première et incontestable est l'amour !

Prière de l'âme sœur

Source de toute vie,
Source de toute lumière,
Source de l'Univers,
Dissous l'illusion de la passion.
Je suis prêt·e pour une véritable union.
J'aspire à un amour bon et pur dans ma vie.
Une belle compatibilité maintenant je convie.
Guide-moi vers cette rencontre tant espérée.
Une personne avec qui je me sens comblé·e.
Une relation pleine de complicité.
Une âme dans laquelle je me reconnais.
Offre-moi un couple empreint de magie.
Que l'on soit amants et amis.
Notre entente est facile et naturelle.
L'évidence entre nous deux se révèle.
Conduis-moi vers cette connexion profonde.
Fais que je tombe sur une histoire féconde.
Tisse notre lien dans la confiance et le respect.
Pour, dans la bienveillance, s'accompagner.
Procure des sentiments justes et vrais.
Mon cœur est inspiré et prêt à aimer.
Aide-moi à reconnaître ma moitié.
Attire-la aujourd'hui à mes côtés.
Afin que naisse de notre étreinte une grande joie.
Être amoureux·se est mon choix.
Merci, qu'il en soit ainsi.

Cette prière est faite pour vous si vous voulez tomber sur la bonne personne en amour.

L'amour est l'essence même de la vie. Aimer est le sens premier de l'existence. Il est donc tout à fait normal que vous le recherchiez pour le vivre et le partager. Nous rêvons tous d'une relation idéale, mais trouver notre moitié se révèle parfois un réel défi. Car l'amour est souvent assimilé à la passion, ce qui entraîne des relations certes intenses, mais éphémères et parfois violentes. Ou alors, l'amour est confondu avec la dépendance affective, ce qui crée des relations toxiques et malsaines. L'amour n'apparaît pas comme par magie, mais il se construit. Il ne se gagne pas, mais il se donne. Veillez à ne pas fantasmer sur une rencontre idyllique. Ne soyez pas obsédé par une union utopique. Attention à ce que vos désirs ne créent pas d'illusions qui vous éloigneraient de la personne qui vous correspond. L'amour doit être vécu dans la réalité et non dans un rêve. Trouver votre âme sœur, ce n'est pas une question de perfection, mais d'authenticité. Ce sont vos ressentis qui doivent être écoutés et non vos croyances. Une ou plusieurs personnes vous sont destinées : à vous de savoir les reconnaître et les accueillir.

Prière de l'amour de soi

Source de toute vie,
Source de toute lumière,
Source de l'Univers,
Merci de me montrer ma beauté intérieure.
Laisse-moi apercevoir mon éclat extérieur.
J'adopte avec joie toutes mes couleurs.
Je cultive l'estime dans mon cœur.
Le regard que je me porte doit être à la hauteur.
Je désire sincèrement me voir sans peur.
M'accepter entièrement n'est pas une faveur.
M'accepter sans condition est un véritable honneur.
Je souhaite être amoureux·se de ma personne.
Que le chant de l'amour en moi résonne.
Avec bienveillance, je vénère mon âme.
Ma lumière et mon ombre, j'acclame.
J'abandonne mes exigences.
Je fais preuve d'indulgence.
J'arrête de me maltraiter.
Je refuse de me dénigrer.
J'ai le droit de m'admirer.
J'ai le devoir de me respecter.
Je fais le choix de m'aimer.
Je m'aime maintenant et à jamais.
Je m'aime en toutes circonstances et en toutes occasions.
Avec moi-même, je crée une belle et solide relation.
Je suis parfait·e dans mon imperfection.
Je mérite toute mon affection.

La comparaison avec autrui est bannie.
Le désamour pour moi est parti.
J'aime et je bénis la personne que je suis.
L'être que je suis me suffit.
Merci, qu'il en soit ainsi.

Cette prière est faite pour vous si vous désirez enfin vous aimer inconditionnellement.

L'amour de soi est le point de départ de votre épanouissement. C'est le commencement de toute réussite. Vous aimer pour le meilleur et pour le pire, c'est vous unir à votre âme. Cela vous permet de vous réaliser sans devenir dépendant de qui que ce soit. C'est le secret pour que vos relations soient saines et harmonieuses. C'est la clé pour toute concrétisation dans votre vie. Vous accepter entièrement vous évitera de vous transformer en victime ou de devenir un bourreau. L'amour que vous cherchez et que vous méritez est avant tout le vôtre. Si vous souhaitez être respecté, respectez-vous en vous aimant infiniment. Vous dénigrer, vous rabaisser et vous juger est une punition inutile qui vous prive de votre pouvoir. Vous détester – voire vous haïr – pour ce que vous êtes ou pour ce que vous n'êtes pas, c'est de l'automutilation. Ce que vous êtes suffit ! Vous êtes parfait même dans vos imperfections. Et plus vous serez conscient de votre valeur, moins vous la marchanderez. L'estime que vous vous portez nourrit votre confiance. La confiance apporte la sérénité et la sérénité apporte la paix. Vous aimer, c'est être en paix avec vous-même. Et être en paix avec vous-même, c'est être en paix avec le monde. L'amour de soi est le meilleur des débuts pour une fin heureuse.

Prière de l'éloignement de la dépendance affective

Source de toute vie,
Source de toute lumière,
Source de l'Univers,
Pour qu'à l'avenir mes relations soient saines.
Fais éclore en moi une nouvelle graine.
Ici et maintenant j'arrête de créer des chaînes,
Dans toutes mes relations humaines.
Je prends conscience de mon vide intérieur.
La solution ne viendra pas de l'extérieur.
Ma dépendance affective est un leurre.
Le remède : prendre soin de ma valeur.
La confiance me conduira au bonheur.
Mon cœur n'a plus besoin d'être rassuré.
Ce n'est plus l'autre qui vient me combler.
Il n'y a que moi qui puisse me sauver.
Que je puisse me défaire de toutes mes insécurités.
De mes rapprochements, j'extrais le poison.
Dans mes attachements, j'évite la prison.
Pour moi, plus aucune soumission.
Me faire aimer à tout prix, c'est fini.
Je m'aime pour ce que je suis.
L'amour véritable rentre dans ma vie.
Merci, qu'il en soit ainsi.

Cette prière est faite pour vous si vous voulez vous défaire de votre dépendance affective.

L'âme sœur, la personne idéale, le coup de foudre, le coup de cœur, nous en rêvons tous et nous l'attendons tous. Nous imaginons que cet individu nous correspondra parfaitement, qu'il nous rendra forcément heureux.

Nous sommes persuadés que ce prince ou cette princesse nous délivrera de la solitude qui nous terrifie. Pourtant, ce ne sont pas nos sauveurs. Nous imaginons qu'ils rempliront le manque d'amour dont nous souffrons. Mais ils ne sont pas nos substituts. Nous rêvons qu'ils soigneront nos blessures profondes, comme l'abandon ou le rejet. Cependant, ils ne sont pas nos psychologues. Nous espérons qu'ils pardonneront nos défauts et effaceront nos erreurs. Néanmoins, ils ne sont pas nos juges. Nous prions pour qu'ils nous subliment et embellissent nos vies. Seulement, ils ne sont pas nos artistes personnels. Tout ce que nous projetons sur eux, sur ces personnes providentielles, c'est tout ce que nous devrions être pour nous-mêmes. Donner cette responsabilité et ce pouvoir à d'autres, c'est ce que l'on appelle la dépendance affective. Derrière cette dépendance, qui est similaire à une addiction, se cache souvent une peur extrême du rejet et de l'abandon qui découle d'un grand manque de confiance en soi. La dépendance affective – qui peut être familiale, sentimentale ou sociale – provoque chez l'individu qui en souffre des troubles anxieux et dépressifs quand le lien se rompt ou s'affaiblit entre lui et la personne choisie pour combler son manque. Ce syndrome, c'est vouloir remplir un vide intérieur par un élément extérieur. Cela ne peut fonctionner : apprenez donc à vous aimer d'abord, avant de chercher à être aimé. Car rechercher l'amour de soi-même en l'autre est une illusion qui vous désenchantera à chaque fois. Soyez toujours votre première source d'amour.

Prière de l'amour à ses proches

Source de toute vie,
Source de toute lumière,
Source de l'Univers,
À ceux/celui/celle qui compte(nt), sois à leurs/ses côtés.
À ceux/celui/celle que j'aime qu'il(s)/elle(s) soi(en)t guidé(es).
Que nos liens soient renforcés.
Enveloppe-les/le/la de ta douceur.
Envoie vers eux/lui/elle le meilleur.
À .... j'adresse ces mots.
Cette prière est mon cadeau.
Pour soulager leurs/ses maux.
Que l'amour leur/lui porte secours.
Et que la protection les/l'entoure.
Entre nous aucune distance.
Nos cœurs font alliance.
Entre nous aucune séparation.
Nos âmes sont en communion.
Ensemble main dans la main.
Mon énergie les/le/la soutient.
Force et espoir les/l'appuient.
Que leur/son quotidien soit empli de magie.
Pour qu'il(s)/elle(s) puisse(nt) relever tous les défis.
Gratitude pour leur/sa présence dans ma vie.
Merci, qu'il en soit ainsi.

Cette prière est faite pour vous si vous souhaitez envoyer de l'amour à ceux qui comptent pour vous (famille, conjoint, amis, enfants).

Donner votre amour ne doit pas être vu comme une sensibilité fragilisante. Montrer votre amour n'a rien de niais. L'amour n'a pas à avoir honte ou à être timide. L'amour véritable offert avec bienveillance et innocence ne sera jamais ridicule. L'amour n'est pas et ne sera jamais exagéré ou gênant. Aimer est naturel et évident dans l'histoire de l'humanité. On dit que les trois besoins primaires de l'homme sont boire, manger et s'accoupler, mais ces besoins-là ne font que vous faire survivre. C'est AIMER qui est le besoin premier, car il vous fait vivre. C'est l'envie d'aimer et d'être aimé qui vous donne un but, un espoir, du sens au quotidien. Sans cela, boire, manger et vous accoupler n'ont aucune saveur. L'amour que vous n'exprimez pas est une graine qui ne deviendra jamais fleur. Vous avez peur d'user les mots « je t'aime ». Vous vous dites alors : « Il/elle le sait bien que je l'aime, je n'ai pas besoin de le lui dire. » Moi, je pense que vous avez surtout peur d'en devenir accro. Vous êtes terrifié de prendre conscience à quel point vous êtes rempli d'amour. Ce besoin est vertigineux ! « Je t'aime ! » Il vous faut le dire, le crier ou bien l'écrire. Mais il faut qu'il apparaisse, violemment ou comme une caresse. Ce petit mot qui soigne les maux. Ce grand sentiment qui vous rend vivant. Il faut vous l'échanger et le partager entre vous et vos amis, entre vous et votre famille, entre vous et vos enfants, entre vous et l'être de votre cœur. N'ayez pas peur de ces quelques lettres. L'amour est une merveille à transmettre. C'est un don à remettre. Comprenez ses rondeurs et acceptez sa douceur. Murmurez-le au lever du jour et susurrez-le au beau milieu de la nuit. Car un « je t'aime » retenu est le terreau des plus grands regrets. Distribuez des « je t'aime » autour de vous : le monde en sera plus beau et la vie plus facile.

Prière de l'amour universel

Source de toute vie,
Source de toute lumière,
Source de l'Univers,
Amène dans chaque esprit l'unité.
Que l'amour s'invite dans chaque foyer.
Que l'amour touche toute l'humanité.
Aujourd'hui et demain pour la solidarité.
Chaque être est connecté.
Les inconnus et les étrangers se lient.
La famille et les amis sont réunis.
Que chaque âme soit comblée.
Par le don d'être aimée.
Transforme les relations impersonnelles.
En une rencontre fusionnelle.
Déverse sur terre l'amour inconditionnel.
Fais briller nos cœurs de bienveillance.
La compassion amène la renaissance.
De l'autre, on prend conscience.
Partout et à tout moment.
C'est l'amour qui est présent.
La haine s'incline instantanément.
C'est la bonté qui brille ardemment.
La peur s'évapore immédiatement.
C'est la paix qui s'impose maintenant.
On aime sans jugement.
On aime pleinement.
On aime vraiment.
Dire au revoir à la division.
Pour faire naître une belle communion.
Renoncer à l'opposition.
Pour embrasser une grande union.
Abandonner la séparation.
Pour créer de solides fondations.
L'amour est notre première relation.
Merci, qu'il en soit ainsi.

Cette prière est faite pour diffuser l'amour sur le monde.

L'amour est l'atome originel. C'est celui qui nous compose et nous relie tous. L'amour est le deuxième prénom de la vie. Il est le pseudonyme de Dieu. C'est sous sa forme physique, émotionnelle et spirituelle que vous venez l'expérimenter ici sur terre.

C'est une énergie, une vibration, un sentiment omniprésent et inévitable. Pourtant, le véritable amour est un choix et non une évidence comme vous pouvez le penser. Faire le choix d'aimer est l'acte le plus courageux qui soit. Choisir d'aimer le meilleur comme le pire chez vous est une décision remarquable. Être tendre et bienveillant envers les autres est encore une fois une question de choix. Une grande volonté est nécessaire pour tomber amoureux de soi. Aimer demande des efforts. Un effort de compassion, un effort d'acceptation et un effort de compréhension. Car si l'amour est certes universel, il est également toujours très personnel. Vous le parlez chaque jour avec votre famille, vos amis, vos collègues ou votre conjoint. Mais chacun l'exprime d'une façon différente. Vos preuves d'amour et vos démonstrations affectives vous appartiennent. Vous utilisez un langage de l'amour qui vous est propre. C'est pour cela qu'il est essentiel de le décoder pour arriver au but de toute existence : s'aimer, aimer et être aimé.

Oui, c'est par amour que votre corps s'anime, que votre cœur bat plus vite et que votre esprit fantasme. Chaque action que vous réalisez, chaque décision que vous prenez est dictée par l'amour. Pour votre amour-propre, pour l'amour de vos proches, pour l'amour d'un projet. Vos choix, vos goûts sont guidés par l'amour. Pour l'amour d'une couleur, pour l'amour d'une saveur, pour l'amour de l'art. Vos mots, vos écrits sont offerts par amour. Pour l'amour d'une émotion, pour l'amour d'un échange, pour l'amour d'un souvenir. L'amour est le souverain de votre vie ! Il a écrit votre passé, il construit votre présent et il crée votre avenir. Il est le roi de votre bonheur. Il est la motivation du départ, le chemin de la course et la victoire de la ligne d'arrivée. C'est pour toutes ces raisons qu'il est indispensable de découvrir votre langage du cœur. Comprendre comment vous aimez et comment les autres aiment. Comprendre comment vous parlez l'amour et comment les autres le parlent. Car ne pas se sentir compris, c'est se sentir rejeté. Et se sentir rejeté, c'est ne pas se sentir aimé. Le manque d'amour est ce qui vous tue bien avant votre mort. Donc, au nom de la vie, soyez un orateur amoureux, un diplomate sensible, pour devenir un enseignant de l'amour.

Les prières libératrices

Le négatif ne l'est que s'il le reste

Les émotions négatives et les énergies basses ne sont pas à fuir absolument. Il n'est pas judicieux non plus de les chasser pour les remplacer à tout prix par une attitude positive illusoire. C'est le contraste qu'elles apportent qui vous rend parfaitement humain. Quand elles vous assaillent, la meilleure solution pour votre épanouissement est de les vivre pleinement pour les transmuter. Elles se manifestent pour vous mettre en garde contre un déséquilibre. L'apparition de ces vibrations pas très plaisantes vous permet d'apprendre de vos erreurs. Elles vous enseignent l'introspection pour découvrir la source de vos blocages. Car ce n'est pas en évitant les problèmes que vous serez heureux. Le bonheur sincère et le positif constructif que vous attendez tant n'apparaîtront que dans la résolution de vos difficultés.

Avec ces prières, venez faire le choix de ne plus subir vos émotions négatives, mais de les écouter pour les assimiler et vous en libérer. Accueillir ce qui fait mal au lieu de s'y noyer constitue le miracle de la transformation.

Prière pour ne plus se sentir seul·e

Source de toute vie,
Source de toute lumière,
Source de l'Univers,
De ta présence, je souhaite être entouré·e.
Lorsque parfois je me sens délaissé·e.
Montre-moi que je ne suis pas isolé·e.
En me connectant au monde entier.
Quand je pense être destiné·e à la solitude,
Brise par ton amour cette certitude.
Si je me sens esseulé·e, aide-moi à l'exprimer.
Si je me sens abandonné·e, rapproche-moi de gens à aimer.
Merci de me remplir de lumière et de vie.
Que je me sente en bonne compagnie.
Ouvre pour moi les liens humains.
Pour que l'on puisse me tendre la main.
Fais-moi fusionner avec toute l'humanité.
Fais-moi savoir qu'elle m'a toujours enveloppé·e.
Le contact, tu me fais accueillir.
La séparation, tu me fais fuir.
Libère-moi de mon enfermement.
Aujourd'hui, je me suffis amplement.
Je ne suis jamais seul·e malgré les apparences.
Mon âme est pleine d'espérance.
Ici, je mets fin à mon errance.
Merci, qu'il en soit ainsi.

Cette prière est faite pour vous si vous vous sentez accablé par le sentiment de solitude.

La solitude, quand elle est subie et non choisie, est un réel fardeau pour la personne qui la ressent. C'est l'émotion du désamour, vous ne vous sentez pas aimé et vous pensez ne pas en être digne. Elle symbolise clairement la peur d'être exclu. Vous la vivez comme la plus terrible des punitions. Elle s'accompagne d'ailleurs très souvent de la blessure du rejet et de l'abandon. Son apparition devrait vous amener à réfléchir sur vos dépendances affectives. À travers elle se reflète un besoin de reconnaissance et/ou d'appartenance. Quand elle vous tombe dessus, vous vous sentez isolé du monde, des autres, mais surtout de votre propre compagnie. Se sentir seul même en étant entouré est le signe d'une déconnexion profonde avec l'instant présent.

Prière quand le doute s'installe

Source de toute vie,
Source de toute lumière,
Source de l'Univers,
Par ta lumière, je souhaite voir clairement
Ce que je souhaite vraiment.
Quand je dois prendre une décision,
Porte et soutiens mes convictions.
J'assume et je suis fier·ère de mes opinions.
L'évidence dissout toutes mes hésitations.
Je me délivre de l'indécision.
J'arrive désormais à prendre position.
En accueillant en moi la détermination.
Et avec confiance, je suis mon intuition.
Un peu plus chaque jour, je m'éloigne du doute.
Un peu plus chaque jour, mon cœur j'écoute.
Balaie avec force mes inquiétudes.
Nourris-moi de belles certitudes.
Donne à ma voix la parole.
Je suis ma propre boussole.
En moi, je décide d'avoir la foi.
Lorsque je suis devant un choix.
Merci, qu'il en soit ainsi.

Cette prière est faite pour vous si vous avez tendance à être indécis et à douter.

Le doute est un mélange de manque de confiance en soi et en la vie. Il est aussi le résultat de la peur de faire le mauvais choix. Mais dites-vous bien qu'il n'y a pas de bonne ou de mauvaise décision : c'est encore une question de perception et d'expérimentation. L'indécision est un processus d'autosabotage généré ou encouragé par votre mental. C'est-à-dire que vous plongez du côté obscur du pessimisme en vous projetant dans les conséquences négatives probables de cette décision. Ce mécanisme vous évite de sortir de votre zone de confort. Pourtant, dans vos choix, il existe forcément des conséquences positives, et c'est sur cela que vous devez vous concentrer. L'hésitation peut aussi provenir d'une influence et d'une manipulation extérieures, si vous écoutez et donnez trop d'importance à l'avis des uns et des autres. Prendre conseil auprès de votre entourage, c'est bien, mais lui donner aveuglément raison est suicidaire. Cette attitude de ne jamais vouloir faire de choix peut cacher la peur d'assumer des responsabilités. Car choisir, c'est forcément assumer les répercussions de votre décision. Choisir, c'est aussi montrer vos valeurs et votre personnalité en vous affirmant. Et si cela vous est difficile, c'est peut-être qu'il y a un blocage à vous montrer tel que vous êtes à travers vos positions.

Prière pour sécher ses larmes

Source de toute vie,
Source de toute lumière,
Source de l'Univers,
Autorise-moi à pleurer sans me noyer.
Réconforte mon âme écorchée.
Console en moi l'enfant blessé·e.
Cajole mes malheureuses pensées.
Sèche les larmes de mes yeux.
Aide mon cœur à retrouver un ciel bleu.
Par cette prière je libère mon chagrin.
Pour être heureux·se demain.
Par ces mots je délivre ma peine.
Pour planter une nouvelle graine.
Ma tristesse est un passage.
Avec amour je tourne la page.
Que mes pleurs deviennent solaires.
Retrouver le sourire est nécessaire.
Je te demande d'égayer mes malheurs.
Berce avec bienveillance ma douleur.
Ton infinie douceur me rassure.
La joie en moi perdure.
L'ombre qui me rend triste est derrière.
J'avance à nouveau vers la lumière.
Merci, qu'il en soit ainsi.

Cette prière est faite pour vous si vous ressentez une grande tristesse, qu'elle soit identifiée ou non.

La tristesse est à l'opposé de la joie. La joie exprime le bonheur qui vous remplit, alors que la tristesse signale le manque qui vous envahit. Quand la tristesse apparaît vis-à-vis d'une personne, d'un objet, d'un lieu, d'une époque ou d'une situation, cela prouve qu'il y a de votre part de l'amour. Elle est le signe de votre affection ou de votre intérêt pour ce qui vous touche. Cette émotion est sans conteste l'émotion de l'attachement. Elle en dit beaucoup sur ce qui vous tient à cœur, mais elle n'est pas faite pour rester indéfiniment. Il est donc important de vous autoriser à l'exprimer sainement. C'est l'émotion qui révèle le plus votre humanité à travers votre vulnérabilité. En réaction, elle crée autour d'elle la compassion et la pitié, dans le bon sens du terme. Les larmes qu'elle fait couler sont à l'origine des plus grands changements et des plus grandes révolutions du monde. La tristesse amène les gens à se réunir et à se soutenir – peut-être bien plus que la joie elle-même.

Prière pour apaiser sa colère

Source de toute vie,
Source de toute lumière,
Source de l'Univers,
Étouffe par ta sagesse le feu qui me consume.
Éloigne de mon cœur l'amertume.
Tempère avec bonté mon sang en ébullition.
Aide-moi à transmuter cette émotion.
Ma colère n'est pas la solution.
Merci de me tenir loin de son agitation.
Amène-moi avec envie vers la pacification.
Canalise la fureur qui a pris en moi le contrôle.
Souffle sur mes rancœurs pour qu'elles s'envolent.
Libère la rage qui m'a pris·e en otage.
Dévoile de mon comportement le sabotage.
Embrasse-moi de ton amour pour me détacher de ma haine.
Enlace-moi de ta bienveillance pour m'offrir la paix souveraine.
Conduis-moi vers la patience et la modération.
Que la douceur soit ma nouvelle direction.
Je délaisse ici et maintenant toute animosité.
Pour avec respect pouvoir communiquer.
Plus d'agressivité pour m'imposer.
Plus d'explosion pour me protéger.
Par cette prière, je m'éloigne de la tempête.
Aujourd'hui, l'harmonie est ma plus belle conquête.
Merci, qu'il en soit ainsi.

Cette prière est faite pour vous si vous êtes de nature colérique ou si vous ressentez une colère immédiate.

La colère est l'émotion de l'affirmation. Elle est nécessaire pour défendre vos principes et montrer votre mécontentement. Souvent accompagnée d'une blessure d'injustice et/ou de trahison, la colère a tendance à être explosive. Mais malgré sa nature enflammée, il est judicieux de ne pas la refouler pour qu'elle ne se transforme pas en rage ou bien, pire, en haine. Si vous la laissez vous consumer, son énergie aura tendance à aveugler votre jugement et à brouiller vos pensées. C'est pour cette raison qu'il est plus sage d'attendre que votre colère passe pour prendre des décisions. Être en colère est le signe d'un besoin de faire baisser la pression face à des frustrations que vous avez négligées. Vous mettre en colère souligne que vous vous sentez attaqué vis-à-vis de vos valeurs et de vos croyances. Il faut alors comprendre qu'elle est souvent un mode de défense. Arriver à apaiser votre colère, c'est consentir à déposer les armes.

Prière pour surmonter sa peur

Source de toute vie,
Source de toute lumière,
Source de l'Univers,
Je prie pour dépasser mes peurs.
Pour donner de moi le meilleur.
Je refuse de vivre dans la terreur.
Je préfère avancer avec le cœur.
Je délaisse ici mes innombrables frayeurs.
Je souhaite me connecter à ma grandeur.
Avec du temps, j'apprends à raisonner.
Avec sagesse, j'apprends à relativiser.
J'échange mes craintes pour la lucidité.
Je remplace ma panique par la sérénité.
Je me libère de ma propre prison.
En faisant preuve de raison.
Je reconnais mes croyances limitantes.
J'écoute mon âme encourageante.
Face aux épreuves, je suis le courage.
Face aux défis, j'incarne l'ancrage.
Retrouver la confiance est le message.
Je mets fin à mon sabotage.
Ma peur est une messagère.
Elle n'est pas ma passagère.
Ma peur, je décide de ne pas la contourner.
Ma peur, je décide de la surmonter.
Je suis entièrement libre d'avancer.
Merci, qu'il en soit ainsi.

Cette prière est faite pour vous si vous souhaitez dépasser n'importe quelle peur qui vous entrave.

La peur est l'émotion de l'insécurité. Et elle peut prendre trois visages différents. Il y a ce que j'appelle la peur primaire, reliée à notre instinct de survie, qui est utile pour vous prévenir et vous protéger d'un danger réel. Ensuite, il y a la peur phobique, qui vous pousse à une réaction démesurée et souvent incontrôlable. Vous ressentez vis-à-vis d'un élément ou d'une situation un danger important et immédiat, mais qui est irréel. Son origine est donc irrationnelle et parfois inexplicable. Enfin, il y a la peur de confort, qui est créée par votre mental et plus précisément par votre ego. Elle vous éloigne de toute nouveauté et du moindre risque de changement pour ne pas perturber votre vie. À mon sens, c'est la plus handicapante, car elle se manifeste quotidiennement, contrairement aux deux autres. Et c'est aussi la plus dangereuse, car, étant moins intense que les deux précédentes et plus régulière, vous vous y habituez. Et en l'écoutant, vous vous retrouvez doucement, mais sûrement, pris au piège, car elle vous interdit d'essayer, de tenter et d'oser quoi que ce soit. Elle vous surprotège en vous empêchant de vivre pleinement. Pour vous en défaire, prenez-la comme une possibilité, mais non pas comme une vérité.

Prière pour que disparaisse la jalousie

Source de toute vie,
Source de toute lumière,
Source de l'Univers,
Éteins ce feu qui me consume.
Dissous ce vice qui m'enfume.
Avant que l'envie soit mon costume.
Être envieux·se n'apporte que la division.
Avec les autres je souhaite être en communion.
Refroidis mon incandescente convoitise.
Que la jalousie sur moi n'ait plus d'emprise.
C'est l'admiration que je favorise.
Éloigne-moi du piège de la concurrence.
Apaise mon désir de reconnaissance.
La rivalité je mets de côté.
Je refuse ce sentiment d'infériorité.
J'arrête d'entretenir la compétition.
Désormais ma réaction est l'inspiration.
Étouffe dans mes relations ma possessivité.
Dans ma vie la confiance est invitée.
Que le parcours des autres ne m'hypnotise plus.
Mon attention se porte sur mon chemin parcouru.
Merci, qu'il en soit ainsi.

Cette prière est faite pour vous si vous souhaitez vous libérer de la jalousie qui vous ronge.

La jalousie est une émotion qui vous consume jusqu'à ce qu'il ne reste que des cendres. Quand elle vous contrôle, c'est vers les autres et vers l'extérieur que se porte votre attention. Alors que votre regard devrait être dirigé sur vous-même et votre intériorité. La compétition et la comparaison sont des attitudes qui peuvent nourrir ce sentiment. Quand vous ressentez cette émotion, c'est irrémédiablement lié à un manque de confiance en vous. Cela soulève systématiquement des questions de mérite et de légitimité. Elle apparaît quand vous vous sentez inférieur ou exclu. La jalousie est toujours de nature négative en créant un comportement possessif, voire cruel. Dans les relations affectives, la jalousie révèle bien souvent une peur profonde d'abandon. Dans d'autres cas, elle peut témoigner d'une grande insécurité ressentie.

Alors que l'envie – qui est parfois confondue avec la jalousie – peut, elle, être négative ou positive. Elle est étroitement liée à vos désirs. Quand elle est négative, ce n'est pas la peur qui vous dirigera comme avec la jalousie, mais ce sera la colère qui s'exprimera. Vous ressentirez de la colère, voire de la rage, envers ceux qui possèdent ce dont vous rêvez. C'est un sentiment qui se nourrit de votre impatience et de vos frustrations. Mais quand l'envie devient une source de motivation et d'admiration pour atteindre ce que d'autres ont déjà atteint, c'est ce que l'on appelle une envie saine. Quand votre envie est positive, elle vous pousse à vous mettre en action pour obtenir ce que vous désirez. Comme je dis souvent : la comparaison est un poison alors que l'admiration est une source d'inspiration.

Prière pour transmuter sa souffrance

Source de toute vie,
Source de toute lumière,
Source de l'Univers,
Transforme en diamant la pierre.
Je remercie mes enfers.
Je fais face à ma souffrance.
Elle m'invite à une renaissance.
Mes difficultés m'apportent du sens.
Mes épreuves m'offrent ma toute-puissance.
Ce sont mes failles qui reflètent mon essence.
Ce sont mes cicatrices qui me donnent la connaissance.
Dans ma vie, la violence réveille ma conscience.
Ma colère sert ma présence.
Ma tristesse produit la substance.
Je suis témoin et acteur·rice de l'expérience.
Je vois dans mes défis l'accomplissement.
Je vois dans mes chagrins l'épanouissement.
Mes désespoirs sont des étoiles dans le noir.
Mes supplices sont de prochaines victoires.
Dans mes tourments résonnent mes espoirs.
Dans mes peurs se cache mon pouvoir.
Dans mes faiblesses se dissimule le meilleur.
Ma rancœur devient alors pure douceur.
Mes peines sont alors d'une grande valeur.
Que mon obscurité s'illumine de mille couleurs.
Et que mes blessures deviennent de belles fleurs.
Mes cris sont transformateurs.
Mes pleurs sont libérateurs.
Le cœur devient mon professeur.
Je résous l'équation de ma douleur.
Elle m'apporte une force majeure.
À mon évolution elle fait une faveur.
Par elle passe mon futur bonheur.
Merci, qu'il en soit ainsi.

Cette prière est faite pour vous si vous souhaitez transformer vos souffrances en lumière.

La douleur et la souffrance sont omniprésentes dans nos vies. Avoir mal sur le plan physique, psychologique et émotionnel est inévitable. Dès notre naissance, nous y sommes confrontés. La femme, notre mère, accouche dans la douleur. Et l'enfant que nous sommes, lorsqu'il prend sa première respiration, lorsque l'air pour la toute première fois gonfle les alvéoles de ses poumons, une douleur violente et incandescente l'incarne ici et maintenant. La nature étant bien faite, nous ne nous souvenons pas de cet instant précis, du moins consciemment. Mais inconsciemment, au cœur de nos cellules, le message est marqué au fer rouge. Vivre, c'est ressentir ! Et ressentir, c'est forcément souffrir. Comme je le dis souvent, nous n'avons pas peur de la mort, nous avons peur de la vie. Pourtant, la douleur est un moteur et non un frein. C'est la douleur qui nous pousse à changer les choses et l'histoire. La souffrance nous pousse à nous rebeller, à nous défendre. Elle est l'impulsion qui donne naissance aux révolutions. C'est grâce à son implacable agressivité que nos moments de plénitude prennent de la valeur. C'est par le combat qu'elle représente qu'elle nous rend plus forts, plus résistants et plus sages. C'est une muse qui nous oblige à extérioriser notre potentiel à travers les arts. Elle est la chaîne qui nous relie les uns aux autres et crée la solidarité. La douleur est une richesse. La souffrance n'est pas gratuite. Elles laissent des blessures par lesquelles passe la lumière. Vos cicatrices ne sont pas une stigmatisation, elles sont des fenêtres d'évolution. La douleur et la vie se donnent la main pour amener le mouvement et la création. C'est une transformation de la matière. C'est une métamorphose de votre être. C'est la clé de transmutation de toute l'humanité. Face à la douleur, vous avez deux choix : la subir ou la vivre ! Transformez le plomb en or. Transformez le grain de sable en perle. Transformez la victimisation en une éblouissante libération.

Voici les cinq clés qui peuvent vous délivrer de la douleur :

- la résilience ;
- le pardon ;
- la parole ;
- l'écoute ;
- l'action.

Prière pour dissoudre sa honte

Source de toute vie,
Source de toute lumière,
Source de l'Univers,
Restaure mon image intérieure.
Pour guérir l'estime de mon cœur.
Que je sois fidèle à mes valeurs.
Sans que la morale n'apporte de laideur.
Le poison de la honte est repéré.
C'est le départ de toute culpabilité.
Mon amour-propre est protégé.
Je me joue du ridicule.
Mon malaise capitule.
Face aux scandales plus aucun regret.
Ma gêne s'est retirée.
Je ne suis plus affecté·e par l'humiliation.
La fierté répare toutes mes dégradations.
Merci, qu'il en soit ainsi.

Cette prière est faite pour vous si vous souhaitez vous défaire de la honte que vous ressentez.

La honte est l'émotion de la punition. Elle est la réponse lorsque votre miroir interne se brise. Elle reflète un certain déshonneur que vous ressentez. C'est la vibration opposée à la fierté. Elle surgit quand votre image sociale est attaquée, votre façon de penser critiquée, ou quand les émotions que vous ressentez sont ridiculisées ou que votre corps est sali. La honte souille votre reflet en mettant à mal vos valeurs. Lorsque votre morale et la réalité se confrontent, cela peut impacter l'estime que vous avez de vous-même. Le regard de l'autre déclenche bien souvent ce sentiment de honte, dans lequel il y a une part de jugement. Il y a aussi la sensation d'échec, qui est à coup sûr une clé pour lui ouvrir votre porte et qu'elle puisse s'installer. Car, oui, la honte est d'autant plus présente et forte dans votre cœur que vous poursuivez une quête perpétuelle de perfection, qui bien évidemment n'aboutit jamais. L'humiliation et le dégoût sont alors ses cadeaux de bienvenue. C'est un sentiment qui vous amène à vous sentir comme un enfant qui a mal agi. Vous vous soumettez à une forme d'autorité illusoire décrétant ce qui est bien ou mal, et vous y perdez votre liberté d'être.

Comprenez que la honte que vous pouvez ressentir ne vous définit en rien. Elle définit en revanche l'influence qu'a pu avoir votre éducation sur vos principes et le contrôle que peut avoir la pensée collective sur vous. La honte est en réalité la sonnette d'alarme pour vous signaler que vous dépassez vos limites égotiques. C'est encore une histoire de dualité entre votre image et ce que vous êtes vraiment. Donc, quand vous ressentirez de la honte, demandez-vous si elle est vraiment légitime.

Prière contre l'anxiété

Source de toute vie,
Source de toute lumière,
Source de l'Univers,
Éloigne-moi de l'inquiétude.
Rapproche-moi de la quiétude.
Chasse de mon quotidien cette lourdeur.
Par ton amour, allège mon cœur.
Remplace l'angoisse par la douceur.
Par ta tendresse calme mes humeurs.
Mes émotions connaissent une accalmie.
Offre une trêve à mon esprit.
Mon âme trouve l'harmonie.
J'arrête les ruminations bloquantes.
J'évite les projections inquiétantes.
J'abandonne les illusions stressantes.
Mon trac a disparu.
Mon corps est détendu.
Je pense et j'agis avec apaisement.
La paix m'accompagne définitivement.
Mon stress est pacifié.
Mes appréhensions sont rassurées.
En toutes circonstances, je suis en sécurité.
Conduis-moi vers la tranquillité.
En renforçant ma sensibilité.
Dans ta lumière, je dépose mon anxiété.
Pour avancer en toute sérénité.
Merci, qu'il en soit ainsi.

Cette prière est faite pour vous si vous recherchez à apaiser vos angoisses et soulager votre stress.

Avant même d'apprendre à vivre, l'être humain a appris à survivre. Donc, depuis la nuit des temps, le mot d'ordre de votre cerveau est la protection. Car bien avant de savoir si vous vous sentez bien, il voudra savoir si vous vous sentez en sécurité. Il fera tout son possible pour vous maintenir dans une zone de confort où règne la sécurité. C'est pour cela que, face à un potentiel danger, le stress vous envahit pour que vous puissiez contre-attaquer. L'angoisse, elle, apparaît face à vos peurs existentielles profondes, comme avec la mort. Enfin, l'anxiété s'invite avec l'anticipation et la projection de dangers à venir. Si votre corps vous fait ressentir un de ces trois états, c'est que votre cerveau tire la sonnette d'alarme. Sauf que cette alarme n'est pas toujours justifiée, car votre cerveau – avec l'aide de votre ego – a tendance à vouloir vous surprotéger, telle une maman poule. Il voit et crée du danger dans tout ce qui est instable, nouveau et inconnu. En résumé : tout ce qui définit la vie. Vous êtes alors en permanence en mode survie. Cela vous amène alors inévitablement à éprouver de la méfiance vis-à-vis de tout et de tous. Vous perdez ainsi petit à petit votre confiance et ne disposez plus de l'élan nécessaire pour vivre pleinement. Il est donc important d'entendre votre alarme interne, mais il est encore plus indispensable de savoir l'éteindre quand elle s'avère illégitime. Car la protection ne doit en aucun cas se transformer en prison.

Voici quelques pistes pour vous aider à contrôler et gérer vos états anxieux excessifs :

- la méditation ;
- la sophrologie ;
- l'hypnose ;
- les fleurs de Bach ;
- la théorie polyvagale.

Les prières bienveillantes

La chance est dans un sourire. Le miracle est dans le rire

Les émotions positives et les énergies hautes sont extrêmement motivantes. Elles révèlent la beauté de votre âme et montrent la pureté de votre cœur. Sans hésitation, elles vous nourrissent et vous élèvent pour vous transcender. Les cultiver jour après jour, c'est faire preuve de bienveillance envers vous-même. Et les partager et les exprimer avec ceux qui vous entourent constitue un acte de grande générosité.

Ces prières vont semer et faire croître en vous ces vibrations pour votre plus grand bonheur. Ces énergies reflètent le meilleur de votre expérience humaine. Vous permettre de briller, c'est donner aux autres une étincelle pour briller à leur tour.

Prière du pardon

Source de toute vie,
Source de toute lumière,
Source de l'Univers,
Apprends-moi le pardon.
Chasse la rancune qui me fait office de prison.
Guide-moi sur le chemin de la libération.
Permets-moi de pardonner.
À ceux qui m'ont blessé·e et trahi·e,
Afin que la paix revienne dans ma vie.
Que mon envie de vengeance ne soit plus.
Fais que mon besoin de punir ait disparu.
Aide-moi à me pardonner
Mes différentes fautes et mes multiples erreurs,
Pour que soient apaisées ma peine et ma douleur.
Libère-moi de cette aigreur.
Soulage mon cœur.
Offre-moi la plus belle des leçons.
Je m'ouvre au don du pardon.
Merci, qu'il en soit ainsi.

Cette prière est faite pour vous si vous avez besoin de pardonner et que cela vous est difficile.

Le pardon est une action libératrice. Il permet de vous délester de nombreuses émotions négatives qui vous emprisonnent. C'est un antidote qui vous permet de vivre plus sereinement. Il n'apporte pas forcément la compréhension et ne permet pas d'oublier, mais il éloigne le poison de la victimisation. Pardonner à autrui est une grande preuve d'intelligence, car en faisant cela vous coupez tout lien toxique et malsain que vous pouviez entretenir avec la personne concernée. Accorder son pardon peut paraître d'une grande générosité, mais c'est avant tout pour prendre soin de vous. Et se pardonner est une immense marque de respect envers vous-même. Le pardon est un acte empreint d'essence divine qui fait briller votre humanité. C'est par amour et non par raison que l'on pardonne.

Prière de la gratitude

Source de toute vie,
Source de toute lumière,
Source de l'Univers,
Je te remercie pour ce magnifique ciel bleu.
Je te remercie pour ce beau soleil lumineux.
Et je te dis merci même quand il pleut.
Je suis reconnaissant·e pour ces miracles du quotidien.
J'ai de la gratitude d'avoir un toit chaque matin.
J'ai de la gratitude d'avoir un lendemain.
Je suis reconnaissant·e de ne manquer de rien.
Merci pour cette planète qui m'a accueilli·e.
Merci pour la famille qui m'a donné vie.
Merci pour la chance d'avoir été bien nourri·e.
Merci d'avoir le privilège d'être vêtu·e.
Je ressens de la gratitude de goûter à mille saveurs.
Je ressens de la gratitude de contempler mille couleurs.
Je ressens de la gratitude d'accueillir mille senteurs.
Je suis ravi·e de ces petits bonheurs.
Je ressens de la gratitude d'entendre mille chansons.
Je ressens de la gratitude de caresser mille sensations.
Je suis satisfait·e de ma condition.
Merci pour ma liberté de voyager.
Merci pour mon droit de m'exprimer.
Merci pour la quantité de mes possibilités.
Merci pour ma bonne santé.
Encore merci pour toute l'aide que je reçois.
Encore merci pour chacune de mes joies.
Je remercie les personnes qui m'ont aimé·e et qui m'aiment.

Dans ma vie, je remercie l'amour que tu sèmes.

Merci, qu'il en soit ainsi.

Cette prière est faite pour vous si vous recherchez à éprouver de la gratitude dans votre vie.

La gratitude est libératrice. Elle vous libère du verbe « avoir ». Elle rompt cet appétit absurde qui nous pousse à vouloir cumuler, posséder et acquérir. Elle éloigne la possessivité, elle chasse la comparaison et détruit le manque. C'est une démarche désintéressée qui apaise la cupidité. C'est une action du cœur pour dissoudre jalousie et frustration.

La gratitude est l'art du remerciement pour vous réconcilier avec le verbe « être ». Elle vous permet d'être reconnaissant envers la vie. Elle vous fait prendre conscience que vous êtes chanceux, et ce depuis votre naissance. Elle vous révèle que vous êtes riche depuis toujours et à jamais. Elle vous reconnecte à votre abondance intérieure.

La gratitude, c'est savoir dire merci pour le positif et le négatif qui viennent vous nourrir jour après jour. La gratitude, c'est savoir dire merci à l'évidence et aux détails de votre existence, bien souvent oubliés ou banalisés. La porte possède une poignée, c'est pour vous une évidence et un détail, mais cela est bien pratique pour l'ouvrir et la fermer, non ?

La gratitude est un mouvement d'enthousiasme pour tout ce que vous possédez déjà et pour tout ce que vous avez déjà accompli. Elle porte votre attention sur vos petites et grandes victoires. Elle transforme vos défaites en cadeaux. Elle vous fait reconnaître que votre quotidien est sans cesse fertile. Elle prouve que l'Univers est en permanence généreux avec vous. En étant dans la gratitude, vous obtiendrez satisfaction. Elle remplace le sentiment de vide par une réjouissante sensation de plénitude. Elle vous demande de remercier toute chose ou toute personne qui vous apporte force et joie. Elle vous invite à vous focaliser sur ce qui est présent et non sur ce qui est absent. La gratitude est une amie qui vous fait vous sentir gagnant à tous les coups. La gratitude est une aide qui vous apporte sans aucun doute la paix.

Prière de la joie

Source de toute vie,
Source de toute lumière,
Source de l'Univers,
Conduis-moi sur le chemin de l'enchantement.
Que mon cœur puisse se réjouir à chaque moment.
Mon âme me pousse à l'amusement.
Mon regard décèle enfin la gaieté.
J'ouvre ma vie à la félicité.
Au plus profond de moi, je suis enjoué·e.
Le cadeau que je reçois est la positivité.
Le bonheur vient me saluer.
Mon sourire retrouvé reflète ma béatitude.
Mon rire partagé m'amène à la plénitude.
Je désire être rempli·e d'ivresse.
L'euphorie devient ma richesse.
L'émerveillement devient mon ami du quotidien.
L'enthousiasme me réveille le lendemain.
Ma voix communique en chantant.
Mon corps partage en dansant.
Je cultive avec délice l'allégresse.
L'extase en moi progresse.
L'énergie appelée est joyeuse.
La vibration souhaitée est lumineuse.
Mon être se délecte de tout et de rien.
Mon essence jouit chaque matin.
Profiter avec simplicité est ma promesse.
Avec plaisir, la joie est ma déesse.
Merci, qu'il en soit ainsi.

Cette prière est faite pour vous si vous avez besoin de renouer avec la joie.

Le véritable bonheur passe par la joie. Elle chasse vos peurs, vous fait oublier votre tristesse et fait taire votre colère. De toutes vos émotions primaires, elle est la seule à être positive et agréable à ressentir. Elle est la reine de vos émotions. La joie apporte la couleur dans votre monde en noir et blanc. Sa chaleur fait fondre la glace qui entoure votre cœur. Elle vous protège et vous guérit de l'intérieur. Comme le soleil, elle vous fait rayonner pour aider les autres à briller à leur tour. Expansive, elle vous permet de vous ouvrir sur le monde. Elle est l'essence naturelle et profonde de votre âme. Être joyeux, c'est être pleinement vivant. Enivrante et exaltante, elle vous offrira une énergie indéfectible qui vous mènera encore plus loin. Porter la joie en vous vous rendra attractif et magnétique. Toujours très spontanée, elle est forcément juste et légitime. Ressentie comme une réelle récompense, elle renferme en elle un puissant sentiment de réussite. Son impact permet de vous faire prendre conscience de ce qui vous anime vraiment. Ses bienfaits ont un effet personnel et collectif qu'il est important de cultiver. C'est une révélatrice de lumière. Elle est le fil d'Ariane de votre destinée.

Prière de la liberté

Source de toute vie,
Source de toute lumière,
Source de l'Univers,
Ouvre les portes de ma prison.
Qu'apparaissent les plans de mon évasion.
Je n'ai besoin d'aucune permission.
Conduis-moi à mon émancipation.
Je me donne l'autorisation.
De prier pour ma libération.
Au revoir à ma soumission.
Mon cœur appelle la légèreté.
Pour ne plus jamais étouffer.
Éloigne de moi tout ce qui peut me piéger.
J'ai le courage de ne plus être influencé·e.
J'ai la force de ne plus être manipulé·e.
Rien ni personne ne peut me contrôler.
Mon existence m'appartient pour l'éternité.
Que mes chaînes soient immédiatement brisées.
Je me détache de tout ce qui peut m'entraver.
Je renoue avec ma liberté.
C'est pour mon âme une grande délivrance.
Je goûte avec plaisir à mon indépendance.
Ma vie retrouve son autonomie.
Mon être entier s'est affranchi.
Jamais plus je ne subis.
Merci, qu'il en soit ainsi.

Cette prière est faite pour vous si vous souhaitez conquérir votre liberté.

La liberté que vous pouvez rechercher ne se cache pas en dehors de vous-même. Elle ne se dissimule pas à l'extérieur, mais elle se trouve bien au fond de vous. La prison dans laquelle vous vous sentez enfermé a bien souvent été bâtie par vous-même. Lorsque vous avez l'impression d'étouffer, c'est que vous oubliez de respirer. L'oppression que vous pouvez subir est forcément validée par vos soins. Et votre indépendance n'est pas le signe de votre liberté. Votre autonomie ne signifie pas que vous êtes libre. La réelle liberté est dans l'écho de votre âme. Elle s'exprime dans votre imagination et dans votre façon de créer. Votre liberté, c'est votre créativité. C'est respecter votre façon de penser. C'est honorer votre identité profonde. L'expression de votre véritable lumière sans filtre et sans compromis est une grande libération. Vous sentir libre n'est pas une question de temps puisque la liberté est dans le présent. Elle n'est pas non plus une question d'argent puisque la liberté, c'est être plein en ayant rien. Ce n'est pas non plus une question de mouvement puisque la liberté permet de voyager sans bouger. Elle incarne tous les possibles, elle est la source du changement. C'est un état d'esprit, un élan du cœur et non une récompense que vous obtenez contre une victoire. Ce n'est ni un droit, ni un devoir. C'est un fait ! Vous êtes un être libre.

Prière de la Vulnérabilité

Source de toute vie,
Source de toute lumière,
Source de l'Univers,
Sublime ma vulnérabilité.
Apprends-moi à l'aimer.
Révèle mes fragilités.
Aide-moi à les accepter.
Je suis un être vulnérable.
Je n'ai pas à me sentir coupable.
Montrer mes failles j'en suis capable.
À ma sensibilité, je suis favorable.
Faire semblant n'est plus supportable.
Mettre un masque m'est inconfortable.
Je comprends que mes souffrances sont honorables.
J'accepte que mes blessures soient admirables.
J'admets que mes limites sont indispensables.
Porter mes défaites est respectable.
Assumer mes erreurs est incroyable.
Être faillible est valable.
M'incliner devant mes défauts est libérateur.
Mes hontes sont à la hauteur.
Je donne de la légitimité à mes peurs.
Ma personne n'est pas que solide.
Ma personne est aussi liquide.
Je souhaite me mettre à nu sans artifices.
Offrir ma vérité sans sacrifice.
Merci, qu'il en soit ainsi.

Cette prière est faite pour que vous puissiez accueillir et accepter votre vulnérabilité.

Votre vulnérabilité est une mise à nu de votre être. Elle étale sans artifices vos souffrances et vos malheurs. Elle met en lumière vos fragilités, vos failles et votre sensibilité. Sans détour, elle expose vos peurs, vos blessures et vos hontes. Avec elle, vos erreurs et vos contradictions prennent place. Et dans une société et à une époque où on vous demande toujours d'être fort, solide, résistant et puissant, la vulnérabilité est donc cachée. Chez vous ou chez les autres, elle est alors considérée comme une faiblesse. Qui n'a jamais dit ou entendu : « Tu es trop sensible ! Allez, ressaisis-toi ! » Comme si être émotif vous donnait une image dégradante. Comme si être vulnérable devait être culpabilisant. D'ailleurs, face à la vulnérabilité, il y a une phrase que l'on utilise souvent comme une insulte dédaigneuse : « Tu es faible ! »

Pourtant, être vulnérable, c'est vous reconnaître en tant qu'être humain. C'est dans votre vulnérabilité que se trouve la beauté de votre âme. C'est dans votre sensibilité qu'il peut y avoir une connexion profonde avec les autres et le monde. La vulnérabilité est à l'origine d'élans de compassion sans égal. Elle est la créatrice d'une empathie urgente qui, naturellement, donne envie de se rapprocher des autres. C'est un état qui pousse à aider et à donner. Son apparition donne comme résultat une authentique bienveillance. La vulnérabilité fait écho à votre humanité. Sans hésiter, elle fait partie de la famille de l'amour. Vouloir être parfait et infaillible est contre-nature. Vouloir devenir invulnérable est un affront à la vie elle-même. Devenir insensible est une illusion dangereuse. La force impressionne, mais la vulnérabilité rassemble. Votre vulnérabilité est la plus belle des vérités. Votre vulnérabilité raconte votre véritable histoire. Elle vous conduit vers l'humilité et vers une force encore plus grande. Votre force intérieure. Alors acceptez vos faiblesses, car elles sont le symbole d'une incarnation riche et d'une identité pleinement assumée. Pitié, aimez votre vulnérabilité.

Partie 4

Prières de sagesse

Pour éveiller sa conscience (l'esprit)

Les prières des cinq blessures de l'âme

On se ressemble derrière nos masques. On se rassemble dans nos souffrances

Les prières qui suivent sont idéales pour vous aider à conscientiser et à guérir les cinq blessures de votre âme. Mais, avant de les découvrir, j'aimerais faire un point sur ces cinq blessures, pour ceux qui ne les connaîtraient pas ou qui auraient besoin qu'on leur rafraîchisse la mémoire.

Les cinq blessures de l'âme sont le rejet, l'abandon, l'humiliation, la trahison et l'injustice.

Vous pouvez expérimenter une, deux, trois, quatre ou toutes les blessures à la fois. Certaines seront prédominantes et d'autres moins évidentes. L'intensité ressentie et la manière de les vivre au quotidien seront variables pour chacun. Mais sachez qu'elles sont à l'origine de tous vos maux, que vous en ayez conscience ou pas. Elles ont pris naissance dans votre enfance, lorsque vous avez été confronté au fait de ne pas pouvoir être vous-même. Cela vous a alors créé une souffrance si forte que votre ego vous a fait porter un ou plusieurs masques pour réduire cette douleur et pour vous faire accepter et aimer des autres. Chacun de ces masques est associé à une blessure précise.

Voilà comment ça se présente :

- la blessure du rejet crée le masque du fuyant ;
- la blessure de l'abandon crée le masque du dépendant ;
- la blessure de l'humiliation crée le masque du masochiste ;
- la blessure de la trahison crée le masque du contrôlant ;
- la blessure de l'injustice crée le masque du rigide.

Comprendre le mécanisme du masque que vous portez et voir les peurs et les besoins liés à votre blessure vous permet de vous en libérer. C'est un travail qui vous amène à vous ouvrir et à vous découvrir pour mieux vous retrouver. Et cela vous amène aussi à mieux comprendre les autres qui souffrent aussi.

Pour en apprendre davantage, je vous invite à vous plonger dans le livre de Lise Bourbeau, *Les 5 Blessures qui empêchent d'être soi-même*, aux éditions Pocket.

Prière de la blessure de rejet

Source de toute vie,
Source de toute lumière,
Source de l'Univers,
Soigne et soulage ma blessure de rejet.
J'ai le droit et je suis prêt·e à exister.
Protège-moi de ce sentiment d'infériorité.
Qui n'est absolument pas une vérité.
Fuir est le masque de mon cœur.
Être incompris·e est un leurre.
Que, maintenant, je découvre ma valeur.
J'arrête de passer de l'amour à la haine.
J'apaise et console ma peine.
Dans ma vie, la solitude est révolue.
Fuir à tout prix est exclu.
Ma peur panique n'est plus.
Face aux problèmes, je suis prêt·e.
Je suis serein·e pour tout affronter.
Mon ego est rassuré.
Plus besoin de me protéger.
De sa souffrance, mon âme est délivrée.
Le parent qui m'a blessé·e est pardonné.
Merci, qu'il en soit ainsi.

Cette prière est faite pour soigner votre blessure de rejet.

Le rejet, c'est nier l'existence d'une personne ou d'une situation.

En lien avec le parent du même sexe, la blessure de rejet se crée souvent entre la conception et l'âge de 1 an. Cette blessure va vous faire croire et ressentir que vous n'avez pas le droit d'exister. Vous allez alors penser que vous êtes nul, que vous ne valez rien et qu'il est préférable de disparaître. Constamment, vous vous sentirez inférieur aux autres. Le masque qui va alors se mettre en place pour combattre cette souffrance est celui du FUYANT. C'est pour cela que vous n'êtes pas très attaché aux biens matériels, pour pouvoir fuir plus rapidement et facilement. Vous allez aussi fuir en vous créant un monde imaginaire pour avoir la tête dans les nuages. Vous aurez tendance à faire une montagne du moindre petit problème, et en aucun cas vous ne voudrez l'affronter. Face à votre plus grande peur qui est la PANIQUE, vous allez fuir ou vous cacher en recherchant ironiquement la solitude.

Prière de la blessure d'abandon

Source de toute vie,
Source de toute lumière,
Source de l'Univers,
Soigne et soulage ma blessure d'abandon.
Assainis toutes mes relations.
Avec moi-même, je fais l'union.
Sans avoir besoin d'être dans la perfection.
Pour savoir prendre des décisions.
Dans la dépendance, j'arrête de m'enfermer.
Mon manque affectif est comblé.
Par mon indépendance proclamée.
La solitude m'aide à me trouver.
Des personnes, j'arrive à me détacher.
Des lieux, j'arrive à m'éloigner.
Plus besoin de me victimiser.
Je délaisse la pitié.
Pour me sentir assez.
J'accepte l'absence.
J'accueille la confiance.
Pas besoin de reconnaissance.
Mon ego est rassuré.
Plus besoin de me protéger.
De sa souffrance, mon âme est délivrée.
Le parent qui m'a blessé·e est pardonné.
Merci, qu'il en soit ainsi.

Cette prière est faite pour soigner votre blessure d'abandon.

L'abandon, c'est délaisser une personne ou une situation pour quelqu'un ou quelque chose de plus important.

En lien avec le parent du sexe opposé, la blessure d'abandon se crée souvent entre 1 et 3 ans. Cette blessure va vous faire ressentir un manque affectif. Vous allez alors demander sans cesse de l'attention par besoin de reconnaissance. Toujours à demander du soutien autour de vous pour ne pas être seul. Vous créer des problèmes et vous faire passer pour une victime sera votre solution pour qu'on vous regarde et vous écoute. Le masque qui va alors se mettre en place pour combattre cette souffrance est celui du DÉPENDANT. C'est pour cela que vous ne vous sentez jamais bien et complet en étant seul. Vous allez avoir ce besoin viscéral d'être entouré et accompagné. Avoir une apparence parfaite et une attitude irréprochable sera votre défense pour ne pas être abandonné. Attaché aux lieux et aux personnes, vous n'aimerez pas le changement qui vous perturbera beaucoup. Face à votre plus grande peur qui est la SOLITUDE, vous pourrez avoir tendance à entretenir des relations toxiques.

Prière de la blessure d'humiliation

Source de toute vie,
Source de toute lumière,
Source de l'Univers,
Soigne et soulage ma blessure d'humiliation.
De ma part, plus aucune soumission.
J'affronte toute domination.
Je dis « stop » à toute punition.
Dans ma tête plus de limitation.
Dans mon cœur plus de culpabilisation.
Pour moi, c'est la libération.
Me faire du mal, c'est terminé.
Être masochiste, c'est du passé.
Je fais de moi une priorité.
Face au bonheur, plus de culpabilité.
Du moment présent, je peux profiter.
Je retrouve pleinement ma liberté.
Mon ego est rassuré.
Plus besoin de me protéger.
De sa souffrance, mon âme est délivrée.
Le parent qui m'a blessé·e est pardonné.
Merci, qu'il en soit ainsi.

Cette prière est faite pour soigner votre blessure d'humiliation.

L'humiliation, c'est rabaisser une personne au point de la rendre impuissante et de pouvoir la soumettre.

En lien avec le parent qui s'occupe du développement physique de l'enfant (en général, la mère), la blessure d'humiliation se crée souvent entre 1 et 3 ans. Cette blessure va vous faire ressentir un gros manque de liberté. Elle va vous faire penser que vous subissez un contrôle permanent, en général de vos parents. Le masque qui va alors se mettre en place pour combattre cette souffrance est celui du MASOCHISTE. C'est pour cette raison que vous allez vous faire du mal et attirer la honte sur vous avant que quelqu'un d'autre ne le fasse. Vous allez toujours vouloir aider les autres et vous focaliser sur le bien-être de votre entourage, au point de vous oublier. Le sentiment de culpabilité face au bonheur que vous pouvez éprouver vous rattrapera toujours. Vous aurez donc du mal à profiter des choses pleinement. Face à votre plus grande peur qui est la LIBERTÉ, vous allez vous imposer des limites et des contraintes.

Prière de la blessure de trahison

Source de toute vie,
Source de toute lumière,
Source de l'Univers,
Soigne et soulage ma blessure de trahison.
Tout contrôler n'est pas une solution.
Être invincible n'est pas une obligation.
Que s'efface la dissociation.
La méfiance n'est plus de mise.
Mon exigence, je minimise.
J'arrive à contacter la patience.
Envers les autres, je fais preuve d'indulgence.
La peur me quitte face à l'engagement.
À m'investir, je suis prêt·e maintenant.
Mes faiblesses n'ont pas à m'intimider.
Mes promesses ne doivent pas m'entraver.
J'accepte la fin d'une union.
J'accueille la mort d'une fusion.
La séparation n'est pas une trahison.
Mon ego est rassuré.
Plus besoin de me protéger.
De sa souffrance, mon âme est délivrée.
Le parent qui m'a blessé·e est pardonné.
Merci, qu'il en soit ainsi.

Cette prière est faite pour soigner votre blessure de trahison.

La trahison correspond à une rupture de confiance.

En lien avec le parent du sexe opposé, la blessure de trahison se crée souvent entre 2 et 4 ans. Cette blessure met en avant un complexe d'Œdipe : vous viviez une relation fusionnelle avec un de vos parents et celui-ci y a mis un terme. Cette blessure va vous rendre très exigeant envers vous-même et méfiant envers les autres. Le masque qui va alors se mettre en place pour combattre cette souffrance est celui du CONTRÔLANT. Vous allez vouloir tout gérer dans les moindres détails pour prouver que vous pouvez tenir vos engagements. À vouloir tout contrôler, que ce soit les situations ou les personnes, vous serez impatient et intransigeant, ne sachant pas profiter du moment présent. La paresse et les imprévus sont impossibles à accepter pour vous. Montrer vos faiblesses, cela est hors de question, vous voulez être vu comme invincible. Face à votre plus grande peur qui est la DISSOCIATION, vous allez paradoxalement fuir l'engagement, par peur de devoir un jour trahir votre promesse.

Prière de la blessure d'injustice

Source de toute vie,
Source de toute lumière,
Source de l'Univers,
Soigne et soulage ma blessure d'injustice.
Honorer ma valeur n'est que justice.
Je ne suis ni trop ni pas assez.
Recevoir est mérité.
Être perfectionniste est un bouclier que j'abaisse.
Être rigide est un masque que je délaisse.
Je diffuse la chaleur de mon cœur.
Adieu à ma superficielle froideur.
J'offre ma palette d'émotions.
Pour plus de compréhension.
Au revoir à ma rigidité.
La souplesse est mon pilier.
Je dis « oui » à ma sensibilité.
Mon ego est rassuré.
Plus besoin de me protéger.
De sa souffrance, mon âme est délivrée.
Le parent qui m'a blessé·e est pardonné.
Merci, qu'il en soit ainsi.

Cette prière est faite pour soigner votre blessure d'injustice.

L'injustice est ressentie quand ce qui survient va à l'encontre de nos valeurs.

En lien avec le parent du même sexe qui aura toujours été distant avec vous, la blessure d'injustice se crée souvent entre 4 et 6 ans. Cette blessure va vous faire penser que vous n'êtes pas apprécié à votre juste valeur. Vous allez vous sentir « trop » ou « pas assez ». Et vous n'allez pas croire que vous méritez de recevoir quoi que ce soit. Le masque qui va alors se mettre en place pour combattre cette souffrance est celui du RIGIDE. Vous allez être perfectionniste pour apporter de la valeur dans ce que vous faites. Mais malgré cela, vous allez être envieux des autres. Étant habitué avec votre parent à une relation superficielle, vous allez avoir tendance à cacher vos émotions. Ce qui va vous faire passer pour quelqu'un d'insensible et de froid. Face à votre plus grande peur qui est la FROIDEUR, vous allez vous persuader que vous êtes chaleureux et avenant, alors que vous êtes l'inverse. Et cela, vous ne pouvez vous résoudre à le reconnaître, car sinon vous vous trouveriez injuste.

Les prières des quatre accords toltèques

Tu es ton pire ennemi mais tu peux aussi être ton meilleur ami

Les prières qui vont suivre sont idéales pour vous aider à intégrer les quatre accords toltèques dans votre vie. Mais, avant de les découvrir, j'aimerais faire un point sur ces quatre accords, pour ceux qui ne les connaîtraient pas ou qui auraient besoin qu'on leur rafraîchisse la mémoire.

Les accords toltèques sont quatre grands enseignements qui nous proviennent des chamans mexicains.

C'est un code de conduite pour vous permettre de vous libérer de souffrances inutiles et du conditionnement collectif. Il représente des sagesses anciennes et puissantes pour vous connecter à l'amour et atteindre la paix intérieure. Vous pouvez les retrouver dans le livre de Don Miguel Ruiz aux éditions Jouvence. Les quatre accords toltèques sont :

- premier accord : « Que ta parole soit impeccable » ;
- deuxième accord : « Quoi qu'il arrive, n'en fais pas une affaire personnelle » ;
- troisième accord : « Ne fais pas de suppositions » ;
- quatrième accord : « Fais toujours de ton mieux ».

Prière de la parole impeccable

Source de toute vie,
Source de toute lumière,
Source de l'Univers,
Que ma voix soit imprégnée de magie.
Ma parole devient mon outil.
Chacun de mes mots est réfléchi.
J'ai conscience de ce que je dis.
Les insultes et les critiques, je fais taire.
Les compliments sont mon vocabulaire.
La diplomatie est ma priorité.
Mes phrases sont bien pensées.
Parler sans jamais blesser.
Parler pour toujours rassembler.
Par mes discours, j'influe sur la réalité.
Par mon élocution, je crée de la beauté.
J'accepte que le silence ait du sens.
Face aux conversations, j'ai confiance.
Je m'exprime avec intelligence.
Dans mes discussions, je mets de la bienveillance.
Ma gorge est un bel instrument.
Que je manie avec talent.
La politesse est mon chant.
Ma bouche, jamais, ne ment.
Le langage, j'utilise sagement.
Ma parole est véritable.
Ma parole est impeccable.
Merci, qu'il en soit ainsi.

Cette prière est faite pour vous aider à avoir un langage impeccable envers vous-même et les autres.

Le premier accord stipule : « Que ta parole soit impeccable. »

Vos mots ont un immense pouvoir et c'est pourquoi il faut en prendre conscience. Derrière chaque mot, il y a une énergie, une vibration qui va permettre de poser une intention bien précise. Vos phrases sont comme des incantations qui peuvent enchanter ou condamner. Vos dires peuvent faire rêver et libérer. Mais ils peuvent aussi terrifier et emprisonner. En tant qu'orateur évident, vous pouvez choisir de manipuler ou de convaincre. Donc, votre parole peut être une arme qui blesse ou une clé qui délivre. Ce que vous dites influe sur la réalité. Votre parole possède une magie si unique que vous pouvez devenir un véritable magicien. Mais quelle magie allez-vous exploiter ?! Il est alors important que vous soyez responsable de ce que vous dites. Les insultes, les menaces et les mensonges s'imprègnent aussi profondément dans votre esprit qu'une balle qui traverse votre corps. Tandis que les compliments, les félicitations et les mots d'amour font éclore en vous des fleurs rayonnantes comme le soleil au printemps. Votre rythme de parole est une mélodie qui peut être harmonieuse ou discordante, alors apprenez à trouver la bonne mesure. Le ton de votre voix transmet la gravité ou la légèreté. Dans vos discours, la diplomatie se révélera une caresse plus bénéfique qu'une maladresse empoisonnée. Le chant vous sera plus favorable que les cris. Le silence est parfois plus sage que de vouloir à tout prix être entendu. Parlez avec intégrité pour ne pas utiliser le langage contre vous-même, ni contre les autres. Alors, pour la paix de l'âme et du cœur, que votre parole soit l'accomplissement dont vous soyez le plus fier.

Prière pour ne rien prendre personnellement

Source de toute vie,
Source de toute lumière,
Source de l'Univers,
Aide-moi à prendre du recul.
Quand la susceptibilité me brûle.
Que mon égocentrisme se taise.
Quand mon orgueil me blesse.
Les attaques extérieures sont illusion.
Mon intérieur est la bonne direction.
Montre-moi que la vie est un jeu de miroirs.
Le reflet que je vois n'est pas mon histoire.
Les réactions ne sont pas de ma faute.
J'accepte la réalité des autres.
Je ne suis pas au centre du monde.
Mon ego n'est pas obligé de répondre.
Je ne suis plus la victime du jugement.
J'assimile cet enseignement.
De ne rien prendre personnellement.
Merci, qu'il en soit ainsi.

Cette prière est faite pour vous aider à vous détacher du jugement et de la susceptibilité.

Le deuxième accord stipule : « Quoi qu'il arrive, n'en fais pas une affaire personnelle. »

L'orgueil, l'ego et votre insécurité vont avoir tendance à enflammer votre susceptibilité. Vous allez alors donner trop d'importance à l'extérieur. C'est parce que vous avez trop tendance à vous réfugier dans ce qui vous entoure que vous pouvez vous sentir attaqué. Alors que les autres, la société et le monde ne vous représentent pas. Les autres se voient en vous, car vous êtes pour eux un miroir. Cela signifie que leurs actes et leurs dires ne vous concernent pas. Les actions et les paroles positives ou négatives des uns et des autres ne constituent qu'une réaction à leurs propres reflets qu'ils ont décelés en vous. Ce que les autres disent et font n'est qu'une projection de leur propre réalité. Et il en va de même pour vous.

Ne soyez pas la victime des victimes elles-mêmes. Votre solution, votre vérité, votre pouvoir se trouvent en vous et nulle part ailleurs. Vous êtes le centre de votre monde et non pas le centre du monde.

Prière pour ne pas faire de suppositions

Source de toute vie,
Source de toute lumière,
Source de l'Univers,
Aide-moi à ne plus être focalisé·e.
Sur ce que je peux penser et imaginer.
Je demande à arrêter de tout inventer.
Je ne veux me baser que sur les faits.
Mon combat est de ne plus affabuler.
Dire au revoir à ce que mon mental peut engendrer.
Je me détourne des hypothèses.
Les questions, je mets entre parenthèses.
Pour que mon esprit s'apaise.
Que s'éloigne de ma tête toute élucubration.
Mon ego arrête sur-le-champ toute insinuation.
Par raison, s'efface toute illusion.
C'est la fin de toute exagération.
Je me lance plutôt dans la communication.
Moi, je mets fin à toute supposition.
Merci, qu'il en soit ainsi.

Cette prière est faite pour vous aider à arrêter de croire à tout ce que vous dit et vous montre votre mental.

Le troisième accord stipule : « Ne fais pas de suppositions. »

Bien souvent, à cause de votre mental ou de votre ego, vous allez élaborer des hypothèses, envisager certaines probabilités et imaginer des scénarios. Car l'esprit aime résoudre des problèmes et pour cela, il lui faut donc en trouver.

En gros, vous allez vous faire des films. Et vu que votre cerveau ne sait pas faire la différence entre la réalité et la fiction, vous allez avoir tendance à croire ce que vous pensez. Vous faites donc des suppositions sans réelles preuves. Ce qui entraîne forcément des malentendus et des incompréhensions. Pour éviter cela, vous devez avoir une communication claire en ayant le courage de poser des questions et d'exprimer vos ressentis.

Prière pour faire toujours de son mieux

Source de toute vie,
Source de toute lumière,
Source de l'Univers,
Rappelle-moi que je n'ai rien à prouver.
Devant la perfection, j'arrête de me prosterner.
Ma loyauté va dans l'envie d'essayer.
Mon objectif n'est plus de gagner.
Ma victoire est de tenter.
Ma réussite est d'oser.
Je peux être fier·ère de me dépasser.
Ce qui compte est de m'améliorer.
Perdre n'arrive jamais.
Quand j'y mets toute ma volonté.
Fais-moi oublier l'image idéale.
Éloigne-moi des fausses morales.
Face aux diktats de l'excellence, je fuis.
La pression de l'image, j'oublie.
J'abandonne toutes sortes de compétitions.
Que se relâchent toutes mes tensions.
Faire de mon mieux est ma nouvelle mission.
Merci, qu'il en soit ainsi.

Cette prière est faite pour vous aider à faire de votre mieux en toutes circonstances.

Le quatrième accord stipule : « Fais toujours de ton mieux. »

Pour éviter de vous juger, que vous culpabilisiez ou que vous ayez des regrets, il vous faut accepter de ne pas être parfait, ni toujours victorieux. Tentez, entreprenez, essayez, sans vous imposer systématiquement l'obligation de réussir. Voyez l'échec comme une bonne motivation pour vous surpasser la fois d'après. Voyez l'erreur comme la meilleure des leçons de vie. Et ne portez plus l'étendard de la performance et de la perfection. De plus, enlevez-vous toute pression en arrêtant la comparaison. Mais soyez surtout indulgent envers vous-même en vous disant que vous avez utilisé vos capacités personnelles de manière optimale. Vous êtes un humain, pas une machine. Vous êtes unique, pas parfait. Vous avez fait de votre mieux et c'est déjà beaucoup.

Les prières du temps

Le seul temps à conjuguer est le présent

Le temps est une unité de mesure illusoire. Il est une perspective très relative selon la situation vécue ou les personnes qui vous entourent. Car le temps a été créé par l'homme pour faire face à sa peur et à son incompréhension de l'infini. L'être humain a besoin de limites et de frontières pour se sentir en sécurité, et pour donner du sens à sa réalité. L'homme cherche tout le temps et dans tout un début, un milieu et une fin. Alors que, concrètement, ces trois repères temporels n'en forment qu'un, qui se joue à l'infini. Le « ici et maintenant » est le seul temps qui existe. Puisque le passé est mort et l'avenir n'est pas encore né. Votre présent est votre début et votre milieu, car vous vivez et conscientisez l'instant présent. Il est aussi votre fin, puisque chaque seconde qui passe meurt pour renaître dans un nouveau présent.

Ces prières vont donc vous permettre d'arrêter de vivre dans le passé et dans vos souvenirs. Elles vont vous aider à avoir confiance en l'avenir pour arrêter de toujours vous y projeter. Elles vont vous faire accueillir le moment présent pour être acteur et non plus spectateur de votre vie.

Prière pour tourner la page

Source de toute vie,
Source de toute lumière,
Source de l'Univers,
Je te prie de me sortir des méandres du passé.
Éteins la brûlure de mes regrets.
Donne-moi la force de ne pas me retourner.
Donne-moi l'envie d'avancer.
Endors mes plus tenaces remords.
Offre-moi le présent en trésor.
Les souvenirs qui m'emprisonnent s'évaporent.
Ce qui a été est mort.
Chasse avec détermination ma mélancolie.
Protège mon cœur de la nostalgie.
Libère mon esprit de ce qui n'existe plus.
Montre à mon âme ce qui est révolu.
Dissous de ma mémoire le temps ancien.
Pousse-moi à reprendre mon chemin.
J'accueille l'énergie de demain.
La rumination malsaine, c'est terminé.
J'arrête pour mon bien de tout ressasser.
La page est enfin tournée.
Je promets de profiter de l'instant.
Et d'admirer l'avenir qui m'attend.
Merci, qu'il en soit ainsi.

Cette prière est faite pour vous si vous êtes prisonnier de votre passé.

Le passé est le monument représentant votre évolution. Il est le musée et non le cimetière de votre histoire. Voyez-le comme un livre précieux qui renferme diverses connaissances pour vous aider à vous améliorer. En vous évitant de reproduire les mêmes erreurs, il vous offre de multiples chances. Il est pour vous un enseignant, un guide et un témoin. Mais s'il devient une prison, une illusion ou un outil de comparaison, c'est qu'il y a un travail à faire sur le deuil et l'acceptation vis-à-vis d'une situation ou d'une personne. Quand vous plongez systématiquement en lui pour vous réconforter, cela dissimule souvent une peur du changement et de l'avenir. Le passé ne doit pas être une excuse pour fuir un présent qui ne vous convient pas. Et surtout, votre passé ne vous définit pas. Grandir, mûrir, changer d'époque, évoluer avec votre temps ne constituent en rien une trahison vis-à-vis de la personne que vous étiez. Vous devez servir la personne que vous voulez être et non pas celle qui n'existe plus. Arriver à dire « au revoir » et à tourner la page, ce n'est pas oublier, c'est vous libérer. Vivre et agir en conscience dans le moment présent vous permettra de vous créer de bons souvenirs plutôt que d'engendrer des regrets.

Prière du « ici et maintenant »

Source de toute vie,
Source de toute lumière,
Source de l'Univers,
Fais-moi voir la beauté de chaque instant.
Apprends-moi à chérir chaque moment.
J'ouvre ma conscience au présent.
Mon corps m'ancre dans l'« ici et maintenant ».
Je fais la paix avec le temps.
Je souhaite ne plus me retourner.
Je souhaite ne plus me projeter.
Je souhaite seulement contempler.
Sur ma respiration je m'appuie,
Pour vivre intensément aujourd'hui.
Mes cinq sens sont mes soutiens.
Pour oublier hier et demain.
J'arrête d'observer depuis l'extérieur.
À ma vie je décide de faire honneur.
Montre-moi comment savourer chaque seconde.
Permets-moi de rendre chaque minute féconde.
Que chaque heure passée soit profonde.
La journée entière est mon monde.
Merci, qu'il en soit ainsi.

Cette prière est faite pour vous si vous avez du mal à être ancré dans l'instant et à profiter du moment.

Vivre dans le présent, c'est vivre réellement. Le présent vous conduit loin des regrets et des remords du passé, et il vous protège des angoisses et des inquiétudes de l'avenir. Avec lui, vous êtes invité à être dans le ressenti plutôt que dans le souvenir ou dans l'hypothétique. C'est l'opportunité pour votre esprit de trouver la paix, et pour votre cœur d'atteindre le bonheur. En portant votre attention dans l'ici et maintenant, vous vous évitez la nostalgie bloquante du passé et l'impatience stressante de l'avenir. Trouvez le rythme du vivant. Le rythme juste, ni trop lent, ni trop rapide. Et vous ne serez plus seulement le témoin de votre vie, mais vous en deviendrez l'acteur. Pour vous y connecter, il vous faut avoir une conversation avec votre corps et écouter le chant de votre respiration. Vos cinq sens vous ouvriront la porte de l'instant. C'est par les sensations que vous pourrez vous rattacher au moment présent.

Prière de l'espoir en l'avenir

Source de toute vie,
Source de toute lumière,
Source de l'Univers,
Merci de me montrer la beauté de demain.
J'ai foi en mes lendemains.
Et je crois fort en mon destin.
Mon avenir radieux est au bout du chemin.
Je suis convaincu·e que mon après est merveilleux.
Je suis certain·e que mon futur est harmonieux.
Mes craintes pour la suite se sont envolées.
C'est mon optimisme qui prend le relais.
Le flou devant moi disparaît.
J'avance vers cette nouvelle clarté.
Où l'espoir s'est définitivement installé.
Je ne vois maintenant que la chance de créer.
Je fixe l'horizon avec espérance.
En délaissant mes lourdes croyances.
Je m'élance avec assurance.
Ce que je vais trouver est l'abondance.
J'utilise mes meilleures pensées.
Je me projette dans un avenir enchanté.
Je visualise un futur miraculeux.
J'en suis sûr·e, ce qui m'attend est lumineux.
Merci, qu'il en soit ainsi.

Cette prière est faite pour vous si l'avenir vous fait peur.

Avec le passé, vous avez connaissance des événements, mais vous ne pouvez rien changer. Le futur, c'est l'inverse : vous ne savez rien, et vous pouvez tout changer. Mais pour cela, il faut y croire et agir. L'avenir est sans cesse imaginé, visualisé et rêvé, ce qui fait qu'il existe une infinité de possibilités, mais une forme définitive n'émergera que si vous vous mettez en action. Car, bien souvent, la peur de l'inconnu et les suppositions à répétition créent des projections négatives qui vous paralysent. Cette négativité vous enferme alors dans des schémas pessimistes qui vous conduisent vers l'autosabotage. La pression de devoir faire le bon choix est une des causes qui vous empêchent d'avoir confiance pour la suite de votre vie. Lâchez cette croyance absurde qu'il y a une direction meilleure qu'une autre. Il n'y a que des expériences et c'est à vous de décider comment vous voulez les vivre. Une fois que vous comprenez que votre avenir repose sur vos perceptions et sur vos actions, vous devenez maître de votre destinée. Comprendre que vous êtes créateur rend l'inconnu inspirant plutôt que terrifiant.

Partie 5

Prières de lumière

Pour contacter son essence (l'âme)

Les prières de l'âme

L'âme est la définition, du moi

L'âme est votre identité la plus pure, votre essence authentique. Elle détient toute votre beauté intérieure et elle est à l'origine de vos multiples potentiels. Un fragment de l'Univers la constitue, ce qui vous relie à jamais à la vie éternelle et à la source créatrice. Dans votre incarnation, elle vous protège souvent et vous guide toujours. Votre lumière et vos ombres sont générées par votre âme. Elle est le moteur de votre corps. Elle est votre véritable nature, qui n'aspire qu'à se développer encore et toujours. Composée d'énergie absolue et d'amour inconditionnel, elle est immortelle. La porte qu'elle vous permet d'ouvrir est celle de votre vérité profonde. Son lien avec l'invisible et sa connexion universelle avec tout être et toute chose vous ramènent à votre unité cosmique.

Ces prières vont vous aider à vous reconnecter à votre âme, ou à plus grand que vous, pour trouver votre juste place en ce monde.

Prière du masculin sacré

Source de toute vie,
Source de toute lumière,
Source de l'Univers,
Réveille en moi le père, le fils et le magicien.
Pour que mon soleil soit souverain.
Que je devienne masculin au sens divin.
Je suis une énergie d'action,
Qui apporte la transformation.
Sans être dans la compétition.
J'incarne la protection,
Sans aucune domination.
Je deviens confiant·e,
Sans être violent·e.
J'apporte la stabilité,
Mais en toute humilité.
Nourri·e par mon masculin sacré.
Je me sens et j'offre la sécurité.
Ma direction est alors assurée.
L'énergie homme est ma nouvelle trajectoire.
Ma force est mon pouvoir.
Mais en abuser est illusoire.
J'accepte de donner,
Sans la peur d'être aimé·e.
De ma vie je suis le meneur.
De mon histoire je suis le leader.
Le courage est ma couleur.
C'est la virilité de mon esprit
Qui m'offre un abri.
C'est une vibration que j'assume,
Pour que l'avenir s'allume.
Merci, qu'il en soit ainsi.

Cette prière est faite pour vous si vous cherchez à vous connecter à votre polarité masculine.

Ici sur terre, tout n'est que dualité, tout est divisé pour vous amener à l'unification. Vous serez confronté à tout et son contraire dans le but d'apprivoiser les deux faces d'une même pièce. Comme le jour et la nuit, la terre et le ciel, le chaud et le froid, le mental et le cœur, la droite et la gauche, l'homme et la femme. Et toutes ces énergies, malgré leurs oppositions, sont surtout complémentaires et indispensables pour atteindre l'équilibre parfait. Vous avez en vous toutes ces facettes que nous pourrions regrouper en deux vibrations principales : le masculin sacré et le féminin sacré.

Votre masculin sacré représente votre posture. Il agit sur l'extérieur en étant le réceptacle de votre force, de votre confiance et de vos choix. C'est le porte-parole de votre puissance créatrice.

Votre cerveau est formé lui aussi de deux hémisphères. Voici le mythe du cerveau gauche que l'on dit être celui de l'homme : on le considère comme le cerveau logique. Il représenterait notre côté yang et toucherait à nos énergies masculines. Il nous aiderait à être rationnels et réalistes en cherchant toujours le comment des choses. Pour cela, il est orienté sur les faits et cherche les différences en alliant la mémoire et les mathématiques. Le cerveau gauche n'aime pas prendre de risques : monotâche, ses capacités d'assimilation et d'attention sont en effet limitées. D'où la légende que les hommes ne sauraient pas faire plusieurs choses à la fois, contrairement aux femmes. Le cerveau gauche ne traitant qu'une seule donnée à la fois, il est organisé et planifie tout pour atteindre ses objectifs. Il est lié à la communication par la parole, la lecture et l'écriture. Pour toutes ces raisons, il a souvent été associé à l'homme.

Il faut savoir que, pour 80 % des gens de notre société occidentale, c'est le cerveau gauche qui est mis en avant, et donc considéré comme dominant. Cela explique pourquoi ceux qui utilisent davantage leur cerveau droit ont plus de mal à s'intégrer dans un système créé pour le cerveau gauche.

Mais finalement, même s'il existe bien des personnes plus logiques ou plus créatives que d'autres, et des différences entre femmes et hommes, cela ne signifie pas que ces personnes soient plutôt « cerveau droit » ou « cerveau gauche ». C'est plutôt l'influence de l'environnement, de la génétique et de l'histoire personnelle qui fait intervenir un hémisphère plutôt qu'un autre, sans qu'il soit possible de généraliser. Apprenez donc à développer l'hémisphère que vous sollicitez le moins et vous verrez : vous vous sentirez plus « complet ».

Prière du féminin sacré

Source de toute vie,
Source de toute lumière,
Source de l'Univers,
Réveille en moi la mère, la fille, la sorcière.
Pour que ma lune soit nourricière.
Que je devienne féminin au sens divin.
Je suis une énergie d'introspection,
Qui laisse la place aux émotions.
Sans être dans la manipulation.
J'aime et ressens par intuition,
Sans aucune victimisation.
J'incarne la compassion,
Sans aucune discrimination.
J'exprime mes sentiments,
Ma sensibilité devient un instrument.
Mais sans en devenir dépendant·e.
Épanoui·e par mon féminin sacré,
Mes sentiments sont respectés.
J'apprends et je sais communiquer.
L'énergie femme est ma nouvelle victoire.
J'accepte de recevoir,
Sans la peur d'un jeu de pouvoir.
Sur mon chemin je suis créatif·ive.
Dans ma vie je suis réceptif·ive.
L'amour est mon adjectif.
C'est la douceur du cœur,
Qui m'offre ma liberté intérieure.
C'est une vibration qui me désarme,
Qui réchauffe mes larmes.
Merci, qu'il en soit ainsi.

Cette prière est faite pour vous si vous cherchez à vous connecter à votre polarité féminine.

Ici sur terre, tout n'est que dualité, tout est divisé pour vous amener à l'unification. Vous serez confronté à tout et son contraire dans le but d'apprivoiser les deux faces d'une même pièce. Comme le jour et la nuit, la terre et le ciel, le chaud et le froid, le mental et le cœur, la droite et la gauche, l'homme et la femme. Et toutes ces énergies, malgré leurs oppositions, sont surtout complémentaires et indispensables pour atteindre l'équilibre parfait. Vous avez en vous toutes ces facettes, que nous pourrions regrouper en deux vibrations principales : le masculin sacré et le féminin sacré.

Votre féminin sacré représente votre profondeur. Il occupe votre intériorité en étant le réceptacle de vos émotions, de votre créativité et de votre intuition. C'est le porte-parole de votre vulnérabilité authentique.

Votre cerveau est formé lui aussi de deux hémisphères. Voici le mythe du cerveau droit que l'on dit être celui de la femme : on le considère comme le cerveau artistique. Il représenterait notre côté yin et toucherait à nos énergies féminines.

Il nous aiderait à développer notre créativité en reconnaissant les formes géométriques et en étant attiré par les couleurs. Il influerait sur notre état émotionnel en réagissant au chant et à la musique. C'est le cerveau spontané et intuitif, qui aime comprendre le pourquoi des choses. Il est le cerveau sensible grâce aux sensations tactiles qui le font réagir. C'est aussi lui qui gère les mouvements dans l'espace. Il fonctionne de façon beaucoup plus puissante que l'hémisphère gauche. Il pense en arborescence. Il explore plusieurs pistes à la fois et possède une vision globale des choses.

Il a les sens plus développés (hyperesthésie) – sens qui peuvent parfois se mélanger entre eux (synesthésie). Les émotions sont aussi plus intenses dans le cerveau droit, ce qui crée une plus grande sensibilité et une importante empathie.

Quand le cerveau droit est dominant, cela entraîne des difficultés à s'intégrer dans une société qui met en avant plutôt le cerveau gauche. C'est pour toutes ces raisons que l'on a associé cet hémisphère à la femme.

Pourtant, aujourd'hui, les chercheurs en neurosciences sont d'accord pour considérer que les femmes seraient plus nombreuses à utiliser le cerveau gauche et que, finalement, beaucoup d'hommes utiliseraient le cerveau droit.

La femme serait en réalité plus résistante aux émotions, d'où le fait qu'elle soit à même de les exprimer davantage que son homologue masculin. Quant à l'homme, il serait en réalité plus émotif que ce que l'on peut l'imaginer, d'où ses difficultés à exprimer ce qu'il ressent. C'est donc une question de gestion des émotions qui pousse la femme à être plus portée sur le partage verbal et la communication, tandis que l'homme va se centrer sur le silence et l'action.

Prière de l'enfant intérieur

Source de toute vie,
Source de toute lumière,
Source de l'Univers,
Aide l'adulte que je suis à retrouver l'enfant que j'étais.
Qu'il me tende la main pour m'accompagner.
Merci de me replonger en enfance.
L'enfant en moi me donne naissance.
Ouvre mon cœur pour le rencontrer.
Ouvre mes bras pour le consoler.
Empêche-moi de le mettre de côté.
Donne-moi envie de le protéger.
Montre-moi sa belle luminosité.
Invite-le au cœur de mes journées.
Qu'il me redonne mon sourire perdu.
Qu'il m'apprenne à rire sans retenue.
Qu'il me rappelle mes rêves.
Qu'il m'offre une trêve.
Je le regarde me montrer ce qui est précieux.
Je lui demande de me faire voir le monde avec ses yeux.
Je l'écoute me demander d'arrêter d'être trop sérieux·se.
Je l'entends me dire avec malice d'être très curieux·se.
Qu'il m'enseigne l'émerveillement.
Qu'il m'offre la joie comme instrument.
Qu'il me fasse chanter mes sentiments.
Et qu'il me fasse danser sur le moment.
C'est son innocence qui m'empêche d'être aigri·e.
Sur le chemin du plaisir je le suis.
Dans ma vie, c'est l'enthousiasme qu'il introduit.
Merci, qu'il en soit ainsi.

Cette prière est faite pour vous si vous cherchez à vous reconnecter à votre enfant intérieur.

En grandissant, il peut vous arriver d'oublier que la vie est un jeu. Il peut vous arriver de vous programmer une routine, un quotidien qui vous fait jouer votre vie en mode pilote automatique. Les responsabilités et les obligations peuvent alors vous piéger dans un sérieux austère, qui petit à petit vous isole de l'enfant que vous avez été. Ignorer cet enfant, c'est vous déshumaniser pour vous robotiser. Votre enfant intérieur est l'incarnation de votre joie véritable. Il vous ramène à l'insouciance et vous maintient dans l'instant présent. Grâce à lui, vous retrouvez la possibilité de vous émerveiller de tout et de rire pour un rien. Votre enthousiasme revient au galop grâce à votre curiosité qui s'éveille à nouveau. Avec lui, vous allez partir à la découverte de la vie par les sensations et non par la réflexion. Avec lui, cacher vos émotions est impossible, il vous les fait vivre intensément et avec authenticité. Il va vous aider pour apprendre et pour comprendre, mais toujours en vous amusant. Son rôle est de vous faire goûter au plaisir. Il est à l'origine des passions qui vous réjouissent. C'est lui qui détient votre créativité qui ne demande qu'à s'exprimer. Si cet enfant intérieur est brimé, ignoré ou blessé, vous serez privé d'un potentiel indispensable à votre épanouissement. C'est pour cela qu'il vous faut absolument l'écouter avec attention, le faire rire avec bienveillance et le consoler avec amour.

Prière de l'acceptation de l'ombre

Source de toute vie,
Source de toute lumière,
Source de l'Univers,
Mets en avant ma noirceur,
Pour éviter que mon cœur soit un menteur.
Éloigne-moi de la perfection.
J'abandonne mes illusions.
Être parfait·e n'est pas ma vérité.
J'arrête de me cacher.
J'assume mes mauvaises pensées.
Je ne suis pas que lumière.
J'enlève mes œillères.
Je dois aller à la rencontre
De ma part la plus sombre.
J'accepte cette dualité,
Qui en moi ne fait que se confronter.
J'ai des vices, j'ai des secrets,
Que j'essaye de semer.
Maintenant, je me révèle au monde entier.
J'arrête d'être tout blanc,
J'arrête de faire semblant.
Je libère mes ombres.
Mes défauts et mes hontes,
Maintenant, je les affronte.
Contempler ma beauté,
Dans toute son unicité.
Pour briller de mille feux dans le noir le plus complet.
Merci, qu'il en soit ainsi.

Cette prière est faite pour que vous puissiez accueillir et accepter votre part la plus sombre.

Avoir une image idéale. Avoir une apparence impeccable. Être parfait aux yeux des autres, pour satisfaire notre propre regard. Une quête dans laquelle nous nous sommes tous lancés pour donner envie, pour nous rassurer, pour ne pas être jugés, pour être admirés ou encore pour nous sentir fiers. Alors nous cachons nos fautes, nous dissimulons nos défauts, nous embellissons nos ombres, nous chassons nos différences et nous maquillons nos blessures. Nous voulons à tout prix être irréprochables. Comme si l'erreur était une disgrâce. Nous désirons à tort être lisses, sans relief et sans défauts.

Et pour cela, nous tournons le dos à notre identité. Nous nous perdons à travers différents jeux de rôle. Nous nous abritons derrière des déguisements. Nous nous confondons avec nos masques. Nous voulons effacer nos contrastes pour ne garder que la lumière. Mais la lumière seule nous aveugle. Nous oublions alors que, sans ses épines, la rose ne serait pas la reine des fleurs. Nous ignorons que, sans la nuit, les étoiles ne nous apparaîtraient pas. Nous négligeons la capacité du noir à donner de la profondeur. Nous ne concevons pas que, sans la douleur, notre bonheur n'aurait pas la même saveur.

« Il faut être beau. »
« Il faut être gentil. »
« Il faut être poli. »
« Il faut être généreux. »
« Il faut être intelligent. »
« Il faut être courageux. »
Il faut être…
Il faut être…
Il faut être…

Et si nous acceptions enfin d'être vrais sans essayer d'être parfaits ?

Si nous acceptions d'être simplement humains, avec faiblesse, imperfection et noirceur ?

Prière du chemin de vie

Source de toute vie,
Source de toute lumière,
Source de l'Univers,
Quand je me sens perdu·e sur mon chemin,
Quand le flou envahit mes lendemains,
Accompagne-moi main dans la main.
Et montre-moi mon destin.
Lorsque je m'éloigne de ma destinée,
Lorsque j'ai l'impression de m'être égaré·e,
Fais en sorte que je sois guidé·e.
Si je pense me tromper de route,
Si je commence à avoir des doutes,
Amène-moi à être à ton écoute.
Pour que rien ni personne ne me dévie
De ma mission de vie.
Le plan céleste ne peut tomber dans l'oubli.
Mon âme son but poursuit.
Mon rôle est déjà acquis.
Alors quand je crois être en retard,
Alors quand je crois qu'il est trop tard,
Sèche les larmes de mon regard.
Je suis incarné·e pour la réflexion.
Je suis incarné·e pour l'action.
Je suis incarné·e pour la création.
Ma finalité peut être multiple.
Essayer et me tromper ne sont pas incompatibles.
Pour trouver mon cœur est infaillible.
Rappelle-moi que ma seule obligation
Est de vivre sans condition.
Rappelle-moi que mon unique destination
Est l'amour sans exception.
Merci, qu'il en soit ainsi.

Cette prière est faite pour vous guider vers votre mission de vie.

J'aime cette phrase de Peter Pan : « Tout droit jusqu'au matin », qui indique la direction à suivre pour atteindre le pays imaginaire. « Tout droit jusqu'au matin » est une métaphore pour nous parler de notre chemin de vie. Cette phrase sous-entend que si nous suivons notre chemin sans jamais nous en détourner, nous arriverons à bonne destination. Le matin fait écho au soleil qui se lève et qui symbolise donc la lumière à atteindre. Cette lumière que l'on peut traduire par notre destinée, notre mission de vie, le rêve que nous voulons toucher comme le Graal qui nous est promis.

Mais attention : suivre une route sans détours n'est peut-être pas le meilleur moyen d'avancer.

Certes, prendre l'autoroute est plus facile et plus rapide. Et sur cette longue ligne droite, il est impossible de se perdre. Mais ne serait-ce pas plus enrichissant et plus authentique de prendre les routes de campagne pour justement s'y perdre, s'y découvrir et s'y trouver ?

Je pense que le chemin parcouru est plus précieux que la finalité du voyage. Il est donc important de traverser différents paysages, d'explorer des chemins de traverse, de se promener sur des sentiers inconnus. Il est même parfois indispensable de faire demi-tour quand nous n'avons pas le bon équipement, pour revenir plus tard avec la bonne valise.

Essayez différents moyens de transport, arrêtez-vous à la boutique de souvenirs, changez régulièrement de passagers pour vous créer une aventure vivante.

Le temps des trajets est un temps de découverte. Arriver le premier près du soleil ne fait que réduire ce temps. Alors, pourquoi vouloir se précipiter par peur d'être en retard, alors que, quoi qu'il arrive, à midi le soleil brille pour nous tous ?

Prière de l'âme

Source de toute vie,
Source de toute lumière,
Source de l'Univers,
Par cette prière, je renoue avec mes aspirations célestes.
Par ces mots, que la voix de mon âme se manifeste.
Qu'elle me chante mes besoins sacrés.
Qu'elle me montre ma réelle destinée.
Je demande à me rapprocher de mon essence profonde.
Que mon joyau divin brille et me réponde.
Mon noyau cosmique résonne.
Mon âme dans mes choix rayonne.
J'appelle avec amour mon identité véritable.
Pour que la pureté de mon être soit palpable.
Je ressens sa richesse inestimable.
Ma noble personnalité me guide.
Ma quintessence est limpide.
Par cette intention, je rencontre ma noble puissance.
Mon âme me partage ses précieuses connaissances.
Qu'elle me dévoile la mémoire des cieux.
Qu'elle me raconte ses souvenirs lumineux.
Aujourd'hui, dans ma vie, elle prend place.
Les changements qu'elle apporte, j'enlace.
Avec elle, je suis prêt·e à vivre.
Son énergie suprême m'enivre.
Je suis la source de ses étincelles.
Je retrouve mon origine éternelle.
Pour une relation fusionnelle.

Sa vérité m'appelle.
Notre lien est essentiel.
Merci, qu'il en soit ainsi.

Cette prière est faite pour que vous rentriez en communion avec votre âme.

Il est important de prendre conscience que vous êtes avant tout un être spirituel venu expérimenter une expérience humaine, et non l'inverse. Vous pouvez le perdre de vue tant l'expérience de l'incarnation est intense et immersive. Vous pouvez donc éprouver parfois la sensation d'être coupé de votre âme. Mais cette sensation n'est qu'une illusion créée par un rythme effréné, un mental surchargé et des croyances limitantes. Car, réellement, votre âme vous parle sans cesse à travers votre corps. Vos douleurs physiques, vos sensations agréables, les maladies, et même votre morphologie sont autant de messages qu'elle essaye de vous transmettre. Votre âme vous contacte également quotidiennement par des signes et des synchronicités, qui ne sont pas d'heureux hasards comme vous pouvez le croire. Pour elle, vos rêves sont aussi un canal pour vous atteindre. Elle est aussi très présente à travers deux de vos émotions : elle communique beaucoup via votre joie et l'amour que vous pouvez ressentir. Lorsque vous êtes au contact du beau, du bon et de la grandeur, c'est votre âme qui se met en avant. Vous voyez : malgré ce que vous pouvez penser, votre âme est et sera toujours omniprésente. Et pour consolider ce lien précieux, vous pouvez utiliser les outils suivants :

- la solitude : vous isoler vous fait prendre conscience de votre âme ;
- la méditation : méditer vous permet de rencontrer votre âme ;
- la prière : prier vous permet d'ouvrir un dialogue avec votre âme ;
- la gratitude : remercier votre âme pour qui vous êtes crée une relation entre vous ;
- les arts : être créatif vous permet d'utiliser le potentiel et les ressources de votre âme.

Prière de l'ouverture spirituelle

Source de toute vie,
Source de toute lumière,
Source de l'Univers,
Ma lumière flamboie dans la nuit.
Elle est le guide dans ma vie.
Ma lumière est mon plus grand soutien.
Elle éblouit tous mes matins.
Elle éclaire tous mes lendemains.
Elle illumine mon chemin.
Ma lumière est ce que je suis.
Elle rayonne à l'infini.
Ma lumière brûle les ombres.
Elle embrase les coins sombres.
Ma lumière enflamme mes yeux.
Elle est mon lien avec les cieux.
Être le soleil de midi.
Être la lune de la nuit.
Être l'étoile de la vie.
Ma lumière est pour moi.
Ma lumière est pour toi.
Ma lumière est pour eux.
C'est ce que j'ai de plus précieux.
Mon visage est radieux.
Mon corps est lumineux.
Mon cœur brille de mille feux.
Mes émotions sont étincelantes.
Mes pensées sont incandescentes.
Mon âme est éclatante.
Ma lumière luit pour le meilleur.
Ma lumière brille de l'intérieur.
Ma lumière ensoleille l'extérieur.
Oh ma lumière !
J'allume l'Univers !
Merci, qu'il en soit ainsi.

Cette prière est faite pour ouvrir et développer votre spiritualité. Incontestablement, nous sommes tous des êtres spirituels !

Mais attention, car si la religion peut être spirituelle, la spiritualité n'est pas une religion. La religion a tendance à être pratiquée et partagée en groupe ou en communauté. Alors que la spiritualité est individuelle, c'est une expérience personnelle et unique. La spiritualité, contrairement à la religion, n'est pas dogmatique. Pour être spirituel, il n'est pas besoin de suivre certains codes, d'appliquer certaines règles ou de mettre en place des rituels. Votre spiritualité est libre de toute injonction et de tout jugement, car elle est le reflet de votre monde intérieur. C'est la relation la plus intime que vous pouvez entretenir, car c'est une discussion avec votre âme qui vous entraîne vers le voyage le plus important de votre vie : la connaissance de soi. Votre spiritualité est une rencontre authentique entre votre esprit et votre cœur qui vous mène vers votre propre sagesse. Elle est votre quête de sens qui vous conduit au-delà de la dimension matérielle et au-delà de votre identité corporelle. C'est l'éveil de votre véritable identité. Avec elle, votre regard se pose sur vos profondeurs et votre écoute se fixe sur votre voix intérieure. Être alignée avec vous et être en paix est son but ultime. Votre spiritualité, c'est un cadeau que vous vous faites. C'est de l'amour que vous vous donnez. C'est une vérité que vous accueillez. C'est croire et voir le meilleur en vous et dans les autres. C'est le choix de prendre soin de vous et d'autrui. C'est un refuge, un abri et une amie. C'est une force infinie qui vous aide sur votre chemin de vie. C'est un miroir qui vous fait accepter votre lumière, mais aussi vos ombres. C'est une envie de mieux vous connaître et un besoin de voir au-delà. Votre spiritualité vous amène à vous reconnaître, pour enfin vous aimer véritablement.

Voici quelques outils qui peuvent vous aider à contacter votre spiritualité :

- la prière ;
- la méditation ;
- la contemplation ;
- l'introspection.

Prière des rêves

Source de toute vie,
Source de toute lumière,
Source de l'Univers,
Rappelle-moi ce qui m'est cher.
Ma raison, je fais taire.
Efface de mon cœur l'impossible.
Que tout me soit possible.
À ma peur, donne une trêve.
Anime tous mes rêves.
Réveille mes fantasmes.
Pour raviver mon enthousiasme.
Enlève de mon esprit le mot « irréel ».
Que mes ambitions deviennent réelles.
Guide-moi vers mes aspirations profondes.
Sans que je ressente de honte.
Appuie mon imagination.
Soutiens mes inventions.
Décuple ma motivation.
Face aux difficultés, jamais je ne capitule.
Face à la critique, jamais je ne me sens ridicule.
Ce qui m'accompagne est la volonté.
Et lorsque je suis inspiré·e rien ne peut m'arrêter.
Aujourd'hui et demain je me mets à créer.
Que naissent toutes mes idées.
Que mes souhaits s'incarnent dans la réalité.
Je promets de tout concrétiser.
Merci, qu'il en soit ainsi.

Cette prière est faite pour vous aider à aller jusqu'au bout de vos rêves.

Avant même de pouvoir bouger ou communiquer, rêver est la capacité première de l'être humain. Vous rêviez déjà dans le ventre de votre mère. Vous rêvez toutes les nuits. Et grâce à votre imagination, vous rêvez aussi toute la journée. Quand vous espérez, quand vous priez, quand vous réalisez un vœu, vous rêvez. Et pourtant, aujourd'hui, il est difficile d'être un doux rêveur. Vous avez abandonné vos rêves pour la raison. Vous avez délaissé votre imagination pour la logique. Vous avez arrêté de rêver pour être concret. Vous avez cessé d'inventer par sécurité. Vous vous êtes mis à vénérer la science en oubliant qu'elle était un outil pour réaliser vos rêves. Ce sont les rêves qui ont créé les plus belles histoires de notre monde. Ce sont les rêves qui ont donné naissance aux œuvres les plus populaires. Ce sont les rêveurs qui ont apporté innovation et nouveauté dans nos vies. Ce sont les rêveurs qui, bien souvent, nous ont donné du travail et un but à suivre. Ce sont les rêveurs qui ont, à chaque fois, façonné l'espoir.

« Tu es un fantaisiste ! »
« Tu es dans la lune ! »
« Tu as la tête dans les nuages ! »
« Tu es complètement irréaliste ! »
« Tu vis dans une fiction ! »
« Arrête de planer ! »

Ces phrases-là, que vous avez peut-être déjà entendues, peuvent essayer de vous ridiculiser et de vous dénigrer. Mais elles ne sont pas la vérité. La vérité, c'est que le métier le plus productif et le plus rentable en ce monde, c'est d'être un grand rêveur.

« Tu es trop idéaliste ! »
Non, tu rêves d'un monde meilleur.

« Tu es trop utopiste ! »
Non, tu oses rêver en grand.

« Arrête de rêvasser ! »
Non, tu vas changer le monde.

Prière du potentiel

Source de toute vie,
Source de toute lumière,
Source de l'Univers,
Illumine le trésor que je possède en moi.
À mes talents cachés, ouvre la voie.
Que je rencontre mes plus belles qualités.
Que se révèlent mes plus précieuses capacités.
Comme une fleur, fais éclore toutes mes possibilités.
Maintenant, je cueille mes diverses facultés.
J'ouvre la porte à mes nombreuses compétences.
Enfin, je prends conscience de ma puissance.
Je tends la main à mes aptitudes insoupçonnées.
Aujourd'hui, mes ressources ne sont plus ignorées.
J'explore mes plus surprenants pouvoirs.
La magie de mes dons, j'arrive à percevoir.
La vie m'a offert d'importantes vertus.
Je découvre toute leur étendue.
Mon esprit est d'une grande intelligence.
Mon génie fait émergence.
J'écoute mon appétence.
Mon cœur a d'innombrables atouts.
Mon art se met debout.
Mes aspirations me secouent.
Ce qui me guide est mes passions.
J'utilise tous les moyens à ma disposition.
Je laisse parler mes vocations.
En avant, je mets tout mon potentiel.
J'expérimente avec joie ce cadeau du ciel.
Merci, qu'il en soit ainsi.

Cette prière est faite pour vous si vous cherchez à faire éclore vos multiples potentiels.

L'Univers vous a gâté. La nature vous a choyé. Vous possédez un immense potentiel. Vous n'en avez peut-être pas conscience, mais vous êtes un trésor qui renferme mille et une richesses. Vous pouvez être impressionné et terrifié de tous ces possibles qui s'offrent à vous, ce qui fait que, parfois, vous vous en détournez. Il arrive aussi que vous oubliiez vos multiples capacités à cause de cette comparaison qui vous empoisonne l'existence. La paresse, la timidité, la peur, voire parfois l'humilité, peuvent vous brider. Pourtant, vous possédez un corps apte aux prouesses physiques. Vous possédez un esprit capable de résoudre n'importe quel problème. Vous possédez un cœur prompt à émouvoir n'importe qui. Oui, votre corps peut danser. Oui, vos mains peuvent bâtir. Oui, vos pensées peuvent influencer. Oui, vos émotions peuvent inspirer. Vous possédez des qualités indéniables qui ne demandent qu'à être explorées. Tous, sans exception, nous disposons de talents innombrables. Des atouts, vous en détenez sans aucun doute. Vous êtes propriétaire de savoirs et de savoir-faire uniques. Parmi les dons qui vous appartiennent, aucun n'est insignifiant ou futile. Vos différences peuvent être votre génie. Cherchez toujours plus de hobbies. Essayez le plus de loisirs possible. Tentez différentes activités. Soyez curieux de vos aptitudes cachées. La vie est un jeu, alors amusez-vous avec vos divers pouvoirs ! À vous de les exploiter et de les mettre en lumière pour en faire profiter le monde. Votre plein potentiel ne sera peut-être pas extraordinaire à vos yeux, mais il le sera aux yeux des autres. Votre réel potentiel est dans l'évidence, c'est naturel pour vous, mais magique pour les autres.

Les prières des vertus

Être vertueux n'est pas un signe de perfection. C'est le signe d'un travail sur l'imperfection.

Les vertus sont la clé de voûte pour vous faire grandir. Elles sont des trésors d'avancement dans vos comportements, et votre manière de penser et d'aimer. Ce sont de réels bijoux qui subliment la personne que vous êtes et qui apportent une valeur supplémentaire à vos actes. Elles sont les plus belles qualités que vous pouvez faire fleurir en vous. C'est par elles que vous pourrez vous améliorer et progresser en tant qu'individu.

Ces prières sont idéales pour vous aider à acquérir des valeurs qui deviendront un réel avantage pour votre épanouissement personnel. Elles vous permettront d'être aligné et de surmonter n'importe quelle difficulté. Même si elles ne vous protégeront pas des vices, elles vous donneront enfin la force d'y faire face et le choix d'y succomber ou pas.

Prière de la paix

Source de toute vie,
Source de toute lumière,
Source de l'Univers,
Insuffle en moi la paix absolue.
Le tourment devient un inconnu.
C'est la quiétude que mon cœur a élue.
Que la sérénité s'installe dans ma vie.
Mon esprit s'incline face à l'harmonie.
Je choisis la tranquillité comme amie.
Avec moi-même, je suis dans la pacification.
Avec les autres, je suis dans la réconciliation.
Entre mon âme et mon corps, c'est la conciliation.
Face à la guerre, j'embrasse la douceur.
Je défends l'équilibre comme valeur.
C'est le calme qui est vainqueur.
Pour moi et le monde, j'appelle à l'apaisement.
L'humanité tout entière se détend.
La sagesse prend place maintenant.
Les énergies intérieures et extérieures sont paisibles.
Le chaos est aujourd'hui et demain impossible.
Merci, qu'il en soit ainsi.

Cette prière est faite pour vous si vous cherchez à trouver et à diffuser la paix.

En premier, et consciemment, c'est l'amour que vous recherchez dans votre vie. Pour une simple et bonne raison : l'amour conduit à la paix. La paix est donc votre but ultime, même si c'est une recherche inconsciente qui se dissimule derrière l'amour. La paix est une force tranquille qui côtoie bien souvent la sagesse. Elle est le résultat d'une grande maîtrise du lâcher-prise. Être en paix constitue peut-être un état d'âme moins intense en matière de sensations, mais il s'avère plus constant que le bonheur. Vouloir et chercher à tout prix à être heureux vous éloigne sans aucun doute de la paix. Car cette recherche du bonheur absolu est une illusion qui se transforme en injonction. Il faudrait être heureux pour valider une existence réussie. Pourtant, le bonheur tel que vous l'envisagez est éphémère. Car vous pensez que vous l'atteignez lorsque vos désirs et vos envies se réalisent. Mais c'est une course sans fin, qui bien souvent vous frustre ou vous désespère, car il y a toujours un nouveau besoin qui vient prendre la place de l'ancien. Alors qu'être en paix avec vous-même, les autres et le monde vous rapproche du réel bonheur. Trouver la paix, ce n'est pas devenir naïf ou fuir devant les épreuves. La paix s'obtient si vous savez faire face au chaos. Elle se gagne en accueillant le conflit et non en lui résistant. Elle apparaît lorsque vous mettez fin au jeu de votre ego. Elle se montre lorsque vous autorisez le silence à prendre la parole. La paix est un soulagement pour le corps, un cadeau pour l'esprit, une amie pour le cœur et un bijou pour l'âme.

Prière de l'équilibre

Source de toute vie,
Source de toute lumière,
Source de l'Univers,
Dans ma vie, protège ma balance.
Permets-moi d'être dans la nuance.
Qu'apparaisse la stabilité dans mon existence.
Je me détourne des extrêmes.
C'est l'équilibre que j'aime.
Égalité entre mes pensées et mes émotions.
Qu'il n'y ait aucune exagération.
Harmonie entre mon corps et mon âme.
Ma dualité se calme.
Libère-moi des excès.
Pour ne plus étouffer.
Détourne-moi du « pas assez ».
Pour ne plus être désespéré·e.
Mon cœur est aligné.
Mes réactions sont équilibrées.
Mes avis sont moins tranchés.
Le bon et le mauvais sont centrés.
Le temps pour moi et les autres est partagé.
Empêche mon quotidien d'être excessif.
Empêche mon quotidien d'être passif.
Le haut et le bas sont réunis.
La droite et la gauche sont unies.
Mon masculin et mon féminin se lient.
Mon ombre et ma lumière se sourient.
L'équilibre est l'énergie que je suis.
Merci, qu'il en soit ainsi.

Cette prière est faite pour vous si vous avez besoin d'attirer l'équilibre dans votre vie.

L'équilibre est une énergie qui vous évite d'être submergé. Il vous éloigne du chaos. C'est une notion qui attire la paix et qui y mène. Effectivement, dans cette dimension où la dualité règne, il est parfois difficile de ne pas tomber dans les extrêmes. Et les excès quels qu'ils soient ne sont jamais bons. Arriver à être équilibré sur vos avis et sur vos opinions vous offrira plus de discernement. Faire en sorte que vos émotions s'équilibrent vous apportera plus de sérénité. Trouver un bon équilibre entre votre vie privée et votre vie professionnelle vous amènera plus de justesse. L'équilibre est une des clés qui vous conduira à l'harmonie. Mais pour cela, il est nécessaire d'avoir une vision holistique. Il est indispensable pour atteindre l'équilibre d'accepter la rencontre et la fusion des opposés. L'équilibre, c'est l'alchimie qui permet de faire d'une division une belle unité. Atteindre un réel équilibre, c'est un travail de tous les jours qui demande de la compréhension, des compromis et des efforts. Mais attention, l'équilibre ne peut être permanent dans votre vie. Il vous arrivera souvent de le perdre en vue de votre propre expérimentation humaine. Mais plus vous le chercherez avec sincérité, plus il vous sera facile de vous y connecter et de le maintenir.

Les quatre grands aspects à mettre en équilibre dans votre existence sont :

- le corps, qui correspond à votre physique et votre santé ;
- l'esprit, qui correspond à votre mental et votre vie professionnelle ;
- le cœur, qui correspond à vos émotions et votre vie sociale (famille, amis, couple) ;
- l'âme, qui correspond à votre spiritualité et vos énergies.

Prière de la résilience

Source de toute vie,
Source de toute lumière,
Source de l'Univers,
J'invoque maintenant et à l'avenir la résilience.
Mes ressources et ma puissance font alliance.
Face aux instants intenses.
Elle est mon attaque et ma défense.
Mon attitude est la résistance.
Ma capacité est l'endurance.
M'adapter est ma conquête,
Pour que je traverse les tempêtes.
Que rien ne puisse m'ébranler.
J'accepte pleinement de tomber.
Car j'ai la force de toujours me relever.
Le vent peut souffler,
Au sol, je suis bien ancré·e.
Quand la vie m'est défavorable,
La positivité en moi est inébranlable.
Quand, par la nocivité, je suis touché·e,
Le lâcher-prise est mon bouclier.
J'accueille les chocs sans vouloir les contrôler.
Sans pour autant capituler.
Affronter en douceur.
La confiance est ma lueur.
Je continue, j'avance, je vis.
Plus jamais je ne subis.
Merci, qu'il en soit ainsi.

Cette prière est faite pour vous si vous avez besoin de faire preuve de résilience dans votre vie.

La résilience est tendance ! Nous entendons ce mot un peu partout, comme s'il constituait un remède miracle à nos maux. Nous avons donc tous envie de goûter à ce superpouvoir et de le rencontrer. Mais avant de l'obtenir, bien souvent, il faut souffrir. Puisque je vous rappelle que la définition exacte de la résilience, c'est la capacité de supporter une épreuve difficile de la vie ou de rebondir après. C'est d'arriver à prendre un nouveau départ après un traumatisme. Oui, la résilience se dissimule derrière vos chocs physiques et psychologiques.

C'est lorsque votre corps est à bout ou quand votre esprit est sur le point d'imploser que la résilience vous apparaît. Tomber et l'accepter, c'est être résilient. S'autoriser à s'écrouler et comprendre que cela est libérateur, c'est aussi être résilient. C'est quand vous pensez ne plus avoir le choix que la résilience devient un choix possible. C'est elle qui vous fait comprendre qu'être une victime n'est pas une identité dans laquelle vous enfermer. La résilience n'est pas une gomme qui vous fait oublier ce qui a été écrit. Elle est le stylo qui vous permet de continuer à écrire votre histoire.

La résilience est vraiment révélatrice de votre force intérieure ! Elle vous montre la différence entre abandonner et lâcher prise. « Abandonner » signifie que vous vous délestez de votre pouvoir et de toute responsabilité, alors que lâcher prise vous permet d'accueillir pour vous délivrer. Puisque vous vivez dans une société qui vous demande quotidiennement de contrôler vos émotions, votre personnalité, votre planning, votre temps, votre parole, votre énergie, etc. Alors que la résilience est l'exact opposé du contrôle. Le contrôle vous éloigne de votre liberté ! La résilience vous évite de courir après la perfection, et vous apprend que l'imperfection est juste. La vie est parfaite et l'homme est imparfaitement juste. Par cela, la résilience vous rapproche de la paix. La résilience met en lumière votre foi ! Une foi inébranlable qui vous remplit d'une immense confiance. Elle vous permettra d'y croire sans faille, sans limite et sans attente. Elle est une des clés pour croire en vous et en la vie ! Elle vous invitera avec sérénité à souhaiter la bienvenue au bon comme au mauvais, pour ne jamais fermer aucune porte. Elle vous montrera comment transformer le négatif en richesse. Elle sera votre soutien le plus précieux en vous délivrant de poids illusoires. La résilience est une amie qui ne sera pas toujours facile à contacter. Elle ne sera pas toujours évidente à comprendre. Il ne sera pas évident de la retenir et de la garder jour après jour. Mais elle existe quoi qu'il vous arrive. Il est alors judicieux de la laisser venir et partir à son gré. Elle va et elle vient, pour le plus beau des cadeaux.

La résilience vous offre :
- la paix ;
- la liberté ;
- la force ;
- la foi ;
- la transformation.

Prière de l'inspiration

Source de toute vie,
Source de toute lumière,
Source de l'Univers,
Merci de m'insuffler l'inspiration et l'imagination nécessaires.
Merci de m'inspirer au travers de mes songes et de mes rêves.
Mon esprit et mon génie, tu élèves.
Que mes idées soient bénies,
À mon imaginaire, je suis uni·e.
Que mes projets soient portés par la créativité.
Ouvre-moi aux multiples possibilités.
Enthousiasme et abondance sur mes pensées,
J'appelle le soutien des muses du monde entier.
Par une impulsion, par une révélation,
Je demande une illumination.
Je souhaite aider mes réflexions.
Que mon intuition nourrisse mon intention.
J'accueille les concepts et les inventions.
Donne-moi cette précieuse évidence.
Que la certitude soit immense.
Que la solution me soit révélée,
Pour libérer la beauté de créer.
Merci, qu'il en soit ainsi.

Cette prière est faite pour vous si vous avez besoin d'être inspiré et d'éveiller votre créativité.

L'inspiration est source de création. C'est elle qui motive votre créativité. Elle incarne l'esprit de votre cœur. Elle est la petite voix de vos rêves. À travers elle, c'est le soutien de l'Univers que vous recevez. Quand vous êtes inspiré, c'est une ouverture sur les possibilités et les potentiels qui se fait. Une liberté s'empare de votre imagination pour vous offrir des idées sans limites. L'inspiration est une énergie soudaine qui fait apparaître des pensées fortes et évidentes. Vous êtes comme guidé et dirigé par l'invisible. Souvent, elle se déclenche par la contemplation, l'expérimentation ou l'intuition. Son but est de créer du beau, de l'intense et du renouveau. Par contre, l'inspiration n'attend pas : c'est un miracle à capturer et à utiliser sur le moment. Donc, quand vous êtes inspiré, ne mettez jamais cet élan de côté.

Prière de la patience

Source de toute vie,
Source de toute lumière,
Source de l'Univers,
Ralentis le rythme de mes pensées.
Emprisonne mon envie de rapidité.
Efface de mon cœur mes frustrations.
Fige avec douceur toutes mes projections.
Merci de me libérer de toute précipitation.
Temporise mes élans de vitesse.
Que la sérénité soit ma promesse.
Calme et apaise mon empressement.
Réconcilie-moi avec le temps.
Aide-moi à supporter l'attente.
Rends mon âme patiente.
Je souhaite apprendre à savourer.
Je me défais de ma nature pressée.
Je renonce à l'énergie d'impétuosité.
Mon intention est de savoir patienter.
La lenteur, je ne dois plus rejeter.
J'accepte les moments d'arrêt.
Je chasse ce sentiment d'urgence.
Face au temps, je fais preuve d'indulgence.
J'arrête de courir en permanence.
Je dépose mon impatience.
J'accueille en moi la patience.
Merci, qu'il en soit ainsi.

Cette prière est faite pour vous si vous êtes de nature impatiente.

De nos jours, face à cette société capitaliste et ubérisée, qui vous impose un rythme toujours plus rapide et exigeant, vous avez fait du temps votre ennemi. Vous avez été formaté pour ne plus en perdre et l'optimiser au maximum. L'impatience est devenue votre meilleure amie. Vous n'acceptez plus de devoir attendre. La logique d'aujourd'hui consiste effectivement à combler les besoins et les envies le plus rapidement possible. Et, sans faire d'efforts, c'est encore mieux pour gagner encore plus de temps. Résultat : cela donne des comportements d'enfants gâtés. Le fait d'attendre engendre de la frustration. Le fait de devoir patienter et de devoir prendre son temps est vécu comme une stagnation. Et devoir fournir des efforts est ressenti comme une punition, voire une injustice.

Il devient alors important de vous défaire de la croyance que la performance passe par la vitesse. Il est essentiel de comprendre que la rapidité n'est pas synonyme de réussite. L'impatience peut occulter votre réflexion. Elle peut vous inciter à bâcler ou à transgresser les règles. La précipitation peut vous conduire à l'erreur. Avec l'impatience, vous oubliez le chemin et ne vous focalisez que sur la destination. Alors que la patience, elle, vous incite à approfondir, à améliorer, à sublimer et à honorer votre action, votre projet ou votre relation. La croissance d'un enfant, l'éclosion d'une fleur, l'apprentissage d'une discipline se font lentement et nécessitent des efforts importants, mais ils produisent les plus belles réalisations. Souvenez-vous : la patience est une alliée et non un obstacle dans votre vie.

Prière de l'empathie

Source de toute vie,
Source de toute lumière,
Source de l'Univers,
Augmente ma sensibilité.
Pour qu'à l'autre, je puisse me connecter.
Que s'exprime mon empathie,
Pour qu'à l'autre, je sois uni·e.
Fais reculer en moi le jugement.
Chaque personne, j'entends.
Autrui, je comprends.
À la place de l'autre, je me mets.
Mon comportement crée la solidarité.
Je fais preuve de compassion.
L'autre, je prends en considération.
Mon égoïsme, j'oublie.
Mon égocentrisme, je fuis.
L'autre mon cœur suit.
Mon écoute luit.
Être empathique fait partie de ma vie.
Merci, qu'il en soit ainsi.

Cette prière est faite pour développer votre empathie envers les autres.

L'empathie est la capacité à vous mettre à la place de l'autre pour développer votre compassion. L'empathie permet de mieux comprendre la souffrance d'autrui et fait donc reculer le jugement. Elle est à l'opposé de l'égoïsme car elle invite à prendre l'autre en considération. C'est une belle expression de votre sensibilité. Son pouvoir permet de relier les personnes et de prendre conscience que vous n'êtes pas seul. Elle engendre souvent une vague de solidarité. Faire preuve d'empathie est un acte d'une extrême bonté. L'empathie est une vertu qui peut réellement changer la face du monde. Développer l'empathie constitue une évolution nécessaire pour l'humanité.

Prière de la vérité

Source de toute vie,
Source de toute lumière,
Source de l'Univers,
Fais que mes pas me conduisent vers la sincérité.
Que la destination soit l'authenticité.
Sans peur, j'abandonne le mensonge.
À la manipulation, je renonce.
C'est la fin de ma dissimulation.
Être vrai·e est ma révélation.
Mon amie est la spontanéité.
J'incarne pleinement ma vérité.
Que s'évaporent les illusions.
J'arrête toute fabulation.
Plus de jeu de tromperie.
Plus jamais de calomnie.
La franchise devient mon langage.
Je repère et dissous les mirages.
La justesse sort de sa cage.
À l'avenir plus de faux-semblants.
J'offre au monde mes sentiments.
Voilà qui je suis vraiment.
Merci, qu'il en soit ainsi.

Cette prière est faite pour vous si vous souhaitez que la vérité fasse partie de votre vie.

Un manque de vérité est toujours le signe d'un manque de confiance. Le mensonge est effectivement utilisé comme un bouclier pour se protéger. Les illusions que vous créez vous servent à dissimuler vos erreurs. Les costumes que vous enfilez jour après jour vous servent à cacher vos blessures. Comme les masques que vous multipliez et qui occultent vos failles. Les mirages auxquels vous acceptez de participer vous permettent de vivre dans une réalité commune. Il est vrai que la vérité est souvent vue comme trop lourde, trop difficile à entendre ou à accepter. Car vous ouvrir à elle, c'est prendre conscience qu'il y a autant de vérités que de personnes. C'est réaliser que vous avez votre propre vérité, votre propre réalité et votre propre monde. Et être un individu à part entière vous terrifie alors que vous n'aspirez qu'à faire partie du groupe. Vous voulez à tout prix être accepté par le collectif. Le mensonge est l'outil de l'uniformisation. C'est pour cela que dans n'importe quelle relation – qu'elle soit professionnelle, amicale, sentimentale ou familiale –, il existe un manque de sincérité. Et la relation avec vous-même est aussi biaisée. L'authenticité, c'est vous révéler sans artifices. Être honnête avec vous-même et avec les autres, c'est assumer pleinement votre identité. Et en faisant cela, vous avez peur de ne pas être accepté pour ce que vous êtes et donc de ne pas vous sentir aimé. La vérité est une preuve de confiance, mais c'est surtout une grande marque d'amour.

Prière de l'espoir

Source de toute vie,
Source de toute lumière,
Source de l'Univers,
J'ai envie d'y croire.
Espérer est mon plus grand pouvoir.
Éclaire mon désespoir.
Le beau et le bon, je décide de voir.
Fais briller le soleil dans le noir.
Illumine mes sombres pensées.
Que scintille ma positivité.
Allume en mon cœur l'espérance.
J'invite à mes côtés la confiance.
Je renoue avec l'insouciance.
Avec l'espoir, je fais alliance.
Je me détourne de la défaite.
C'est la victoire que je fête.
Mon esprit est optimiste.
J'éteins en moi le/la pessimiste.
Le bien dans ma vie existe.
Mon attention est attirée par le meilleur.
Dans la nuit, j'aperçois toujours une lueur.
Je décide de voir tout en couleurs.
Je me concentre sur le bonheur.
Et je tourne le dos à la noirceur.
Dans ma vie, l'espoir devient essentiel.
Espérer est mon étincelle.
Merci, qu'il en soit ainsi.

Cette prière est faite pour vous si l'espoir vous a quitté et que vous souhaitez le retrouver.

L'espoir est un choix salvateur. C'est la solution pour rendre l'impossible possible. Il est un combat qui se terminera toujours par une victoire. Cultiver et entretenir l'espoir est une forme de magie simple mais puissante. Croire et espérer donnent naissance aux plus grandes réalisations. Avec l'espoir, vous aurez une motivation sans faille pour manifester le meilleur dans votre vie. L'espérance réveille tous les cœurs sans exception. Avoir foi en vous et en l'Univers vous permet d'expérimenter en toute authenticité la réelle confiance. Vous montrer positif et optimiste est une position d'ouverture qui vous permettra d'accueillir la paix et la sérénité en vous. Faire preuve d'espoir, ce n'est pas être naïf, c'est au contraire être pleinement conscient du potentiel de chaque chose et de chaque personne. C'est l'espoir qui améliore vos conditions de vie et qui sublime vos jours moroses. Il fait de vous un acteur et non un spectateur. Il est créateur de miracles ! Tout le monde en est capable et tout le monde en a besoin. Il est le nectar de votre âme.

Prière du courage

Source de toute vie,
Source de toute lumière,
Source de l'Univers,
Gonfle mon cœur de courage.
À mes peurs fais barrage.
Que l'audace soit mon langage.
L'héroïsme est mon héritage.
Je nage malgré le naufrage.
Je danse malgré l'orage.
Mon corps en mode survie.
La témérité est mon énergie.
Mon âme est hardie.
La vie je défie.
Aujourd'hui j'ose tout.
Ma volonté est debout.
Avoir du cran est mon atout.
Avoir du culot est mon meilleur coup.
L'assurance est mon discours.
Mes actes j'imprègne de bravoure.
L'aplomb vole à mon secours.
La hardiesse s'invite chaque jour.
Même si cela fait mal je me bats.
Même si cela fait peur je combats.
Faire face sans fuir est le résultat.
J'affronte avec persévérance.
Pas après pas avec endurance.
Je brille de confiance.
Être courageux·se est ma récompense.
Merci, qu'il en soit ainsi.

Cette prière est faite pour vous si vous avez besoin de courage.

Le courage, ce n'est pas l'absence de peur, plutôt la volonté de vouloir l'affronter. Il ne vous aide pas à faire face au danger, mais à affronter la peur que ce danger représente pour vous. Car l'essence même du courage, c'est d'oser. Faire le premier pas dès qu'il y a une appréhension vous rend courageux. Tenter, essayer représentent déjà des preuves de courage, même si l'aboutissement n'est pas positif. Car si le courage n'apporte pas forcément la victoire, il apporte toujours la satisfaction. Il ne vous évitera pas la souffrance, mais il vous permettra de la surmonter. Son pouvoir est de vous permettre d'avancer malgré les difficultés. Son but est de vous aider à continuer malgré les obstacles. Il vous détourne de l'immobilité et du renoncement. Il est le remède idéal contre les remords et les regrets. L'impulsion transformatrice est son plus beau cadeau. L'élan qu'il vous offre éloigne de votre cœur la lâcheté. Sachez également que le courage vous fera toujours combattre « pour » et non « contre ». Cet état n'est pas forcément inné ou constant, puisqu'il nécessite des efforts d'ouverture d'esprit et de dépassement de soi. Voilà pourquoi nous admirons les personnes qui en font preuve. Alors soyez indulgent avec vous-même, car en manquer ne signifie pas en être dépourvu. Pour preuve : le plus grand courage dont vous avez fait preuve, c'est de vivre.

Les prières de soutien.

Reconnaître le besoin d'aide n'est pas une preuve de faiblesse. C'est une preuve de grande sagesse

Le soutien, c'est l'acte qui permet d'apporter ou de demander une protection, un appui, une aide nécessaires. Recevoir un soutien, c'est accepter de recevoir la force que vous ne possédez pas – ou plus. Donner votre soutien, c'est faire preuve de solidarité. C'est une action qui met en avant votre humanité.

Ces prières vont vous permettre d'acquérir le courage et la motivation pour avancer à travers certaines douleurs et blessures que vous ne pouviez surmonter seul. Elles vont aussi vous offrir la possibilité d'accorder votre soutien à des causes ou des entités qui vous tiennent à cœur. Le soutien, c'est être présent pour faire face à la faiblesse et à la souffrance humaines. Il n'est en aucun cas une faveur. Demander du soutien ne fait pas de vous quelqu'un de fragile, mais de lucide. Accepter le soutien que l'on vous propose ne fait pas de vous un incapable : cela fait de vous un être humain.

Prière du deuil

Source de toute vie,
Source de toute lumière,
Source de l'Univers,
Aide-moi à passer cette étape.
Soutiens-moi dans cette épreuve qui m'échappe.
Accompagne-moi dans mon deuil.
Adoucis le manque qui m'assaille.
Comble l'absence qui me blesse.
Apaise ma détresse et guéris mon apathie.
Puisses-tu me sortir du déni pour me confronter à la vie.
Soulage ma peine et déconstruis ma culpabilité.
Que mes remords et mes regrets puissent s'envoler.
Merci de sécher mes larmes, face à ce drame.
Canalise la colère qui peut m'envahir.
Allège la tristesse qui peut me remplir.
Sors-moi de ma torpeur.
Enveloppe-moi d'une tendre douceur.
Que les souvenirs heureux inondent mon cœur.
Permets-moi d'honorer celui/celle que j'ai connu·e et aimé·e.
En me donnant la force d'avancer.
Et l'envie de continuer, sans pour autant l'oublier.
Montre-moi que sa présence sera toujours à mes côtés.
Livre-moi la certitude qu'il/elle est en paix.
L'amour qu'on se portait continue dans l'éternité.
Sa mort, maintenant, je peux accepter.
Merci, qu'il en soit ainsi.

Cette prière est faite pour vous si vous êtes confronté à la perte d'un être cher et que vous avez besoin d'être accompagné dans votre deuil. (Se faire aider par une psychothérapie est fortement recommandé dans ce cas.)

Le deuil est un processus personnel plus ou moins long (entre six mois et trois ans) qui est la conséquence directe du décès d'un proche (un membre de la famille, un ami, votre animal de compagnie). Il est une réaction normale et inévitable pour arriver à reprendre votre vie après un événement aussi marquant, voire traumatisant pour certains. Le deuil peut prendre différentes formes, car il touche les dimensions émotionnelles, physiques et psychologiques de votre personne. C'est un passage obligé pour s'adapter à l'absence de l'être aimé. Il s'avère indispensable pour apporter une réelle délivrance à ce que vous ressentez. Quand vous êtes en deuil, trois choses sont primordiales : le temps, l'écoute et un soutien social. D'après le Dr Elisabeth Kübler-Ross, le deuil se compose de cinq phases bien distinctes :

- le déni : le refus de croire à la mort, ce qui entraîne une absence de réactions émotionnelles ;
- la colère : la recherche des causes et d'un coupable de la mort avec un fort sentiment d'injustice et de culpabilité ;
- le marchandage : la négociation avec soi-même ou avec l'entourage pour trouver une solution face à la perte, en sachant au fond que cela ne pourra rien changer ;
- la dépression : une grande tristesse et une grande souffrance ressenties ;
- l'acceptation : la compréhension et l'acceptation de la perte sans pour autant oublier.

Vous n'êtes obligé ni de vivre toutes ces étapes, ni de les vivre dans cet ordre-là. Dans les faits, les circonstances de la mort et votre lien avec la personne décédée influent grandement sur votre façon de vivre votre deuil. Perdre un enfant ou une personne âgée en fin de vie n'aura pas les mêmes conséquences. Être confronté à une mort soudaine due à un accident ou à une mort naturelle ne se vivra pas non plus de la même manière. Sachez qu'un deuil est également nécessaire lorsqu'une relation amoureuse se termine, ou lors de la perte d'un emploi ou d'une chose qui nous est chère, comme une maison. (Pour ce genre de deuil, voir les prières p. 182 et 236.)

Prière du détachement

Source de toute vie,

Source de toute lumière,

Source de l'Univers,

Détourne-moi de cette personne.

Dénoue ce nœud qui m'emprisonne.

Coupe le lien qui me retient.

Aide-moi à lâcher sa main.

Estompe pour lui/elle mon attachement.

Éteins pour .... mes sentiments.

Éloigne sa présence de mes pensées.

Enferme mon obsession sous clé.

Cette personne n'a plus mon intérêt.

Apaise le manque ressenti.

J'accepte d'être désuni·e.

J'intègre qu'entre nous, c'est fini.

Chasse toutes mes ruminations.

Je dis « au revoir » à cette relation.

Sans rancune ni frustration.

Pour mon cœur, c'est la libération.

Que notre passé arrête de me harceler.

Que nos souvenirs me laissent en paix.

Permets-moi de prendre de la distance.

Efface le sentiment d'absence.

Sors-moi de cette dépendance.

Mon âme s'éloigne sans regret.

De cette personne que j'ai tant aimée.

Le point final est posé.

De son emprise, je suis libéré·e.

Guéris ma blessure du rejet.

Mes énergies de lui/elle sont séparées.

Fais taire ma peur d'être abandonné·e.

Vers l'avenir, je suis tourné·e.

Merci, qu'il en soit ainsi.

Cette prière est faite pour vous si vous souhaitez vous détacher émotionnellement d'une personne et/ou faire le deuil d'une séparation, qu'elle soit familiale, amicale, sentimentale ou professionnelle.

Il est difficile de laisser partir une personne pour qui vous avez ressenti de l'amour. Car l'amour ne connaît ni le temps ni la distance. C'est dur d'accepter qu'une relation se termine. Car lorsqu'un lien humain est créé et qu'il vous convient, vous avez forcément envie que cette histoire soit éternelle. Alors qu'ici-bas rien ne dure pour toujours. Mais c'est tout à fait humain, quand dans l'histoire de votre vie une chose, une personne ou une situation vous fait du bien, de vouloir la conserver à tout prix. Vous mettrez alors tout en œuvre pour la rendre immuable. Vous aurez peur que cela devienne périssable. Vous vous épuiserez à fuir l'éphémère et l'altérable. Vous combattrez le provisoire et le passager. Vous souhaiterez que votre beauté ne fane jamais, que votre histoire d'amour soit éternelle, que vos proches que vous aimez tant vivent éternellement, que votre bonheur dure toujours. Vous chercherez à créer l'immortalité à travers vos actes et vos mots alors que vous êtes mortel. Oui, dans cette dimension, dans ce monde, dans cette incarnation, tout n'est que transformation. Les virus et les bactéries mutent. Les atomes fusionnent. Les cellules vieillissent. Tout est en perpétuel mouvement et en changement. Les paysages se métamorphosent avec le temps. Les animaux évoluent et s'adaptent. La pensée humaine se modifie à chaque seconde. Rien ici et maintenant ne peut être figé et conservé pour toujours. Le bon, comme le moins bon, ne peut être éternel. Alors pourquoi cela serait-il différent avec les liens humains ? Le concept de début et de fin n'existe pas : ce n'est qu'un enchaînement d'impermanence que vous essayez de contrôler et de figer. Comprenez et acceptez cela pour vous libérer. La seule et unique chose éternelle est le changement lui-même, et votre âme. Quelle histoire essayez-vous de rendre éternelle ?

Prière de l'aide céleste

Source de toute vie,
Source de toute lumière,
Source de l'Univers,
Quand je suis complètement perdu·e.
Lorsque mon esprit est dissolu.
Et que mon cœur ne sait plus.
Que viennent mes anges gardiens.
Que mes guides me tendent la main.
Et que mon âme m'apporte son soutien.
J'appelle à l'aide pour retrouver mon chemin.
Aujourd'hui, je suis égaré·e.
Demain, je serai accompagné·e.
Merci de me guider sans condition.
Je prie pour votre intervention.
S'il vous plaît faites preuve de compassion.
Face à toutes mes illusions,
Contactez-moi par mon intuition.
Par votre sagesse, montrez-moi l'issue.
Pour qu'apparaisse ma voie disparue.
Dans le noir le plus total,
Votre secours m'est vital.
J'appelle la providence.
Par le biais de votre présence,
Je ressens un appui immense.
Renforcer et fortifier mon existence.
Soulager et faciliter mes expériences.
Dans ma vie retrouver du sens.

Quand de ma route je suis déconnecté·e,
Utilisez les rêves et les synchronicités.
Pour être gentiment orienté·e.
Lorsque je n'ai plus la capacité de voir,
Éclairez ma trajectoire.
Merci, qu'il en soit ainsi.

Cette prière est faite pour vous si vous vous sentez perdu sur votre chemin de vie et que vous désirez recevoir de l'aide.

Vous perdre au cours de votre vie est inévitable. Ceux qui ne se sont jamais perdus ne se sont jamais rencontrés. Être perdu, c'est expérimenter la possibilité de faire de nouvelles découvertes, d'emprunter de nouveaux chemins. C'est une expérience qui vous met face à vos émotions les plus intenses pour vous défaire de vos croyances et de vos certitudes. Lorsque vous êtes désorienté, c'est justement pour vous permettre de prendre en considération toutes les routes qui s'ouvrent à vous. Quand il y a une grande remise en question, ce n'est pas vous qui êtes réellement perdu. C'est votre lien avec l'Univers qui s'est égaré. C'est le contact avec votre âme qui s'est évanoui. Et dans ces moments-là, il est fort probable que vous vous sentiez abandonné et seul. Mais il n'en est rien, la solitude que vous pouvez ressentir n'est qu'illusoire. Et il est tout à fait normal en tant qu'être humain que vous ayez parfois besoin d'un soutien ou d'une présence supérieurs. Oui, malgré les apparences et vos ressentis, vous êtes toujours entouré. Une aide subtile est toujours prête à vous répondre par des signes ou par des synchronicités. Et être perdu, c'est apprendre à observer et à écouter pour être guidé dans la bonne direction. Vos anges gardiens vous protègent sans cesse. Votre animal totem vous accompagne à chaque instant. Les esprits de vos défunts vous suivent quotidiennement. L'énergie de vie vous porte indéfiniment. L'Univers vous assiste avec amour éternellement. Vos guides spirituels sont omniprésents et prêts à vous servir de boussole si vous en faites la demande. Ensuite, c'est à vous et à votre libre arbitre de prendre leurs messages en considération ou non.

Prière de la protection

Source de toute vie,
Source de toute lumière,
Source de l'Univers,
Quand je me sens attaqué·e, viens me protéger.
Ton souffle divin repousse le danger.
De ta force céleste, tu me mets en sécurité.
Porte-moi secours quand je suis harcelé·e.
Que, contre la malveillance, je sois immunisé·e.
Ton amour est mon bouclier.
Le malheur ne peut m'affecter.
Lorsque le mal m'en veut, je te prie de me défendre.
Les mauvaises vibrations ne peuvent se répandre.
Les énergies basses ne peuvent s'étendre.
Les étoiles m'offrent leur protection.
La terre absorbe le poison.
Seule la lumière peut atteindre mon cœur.
Préserve-moi de toute forme de noirceur.
Quand tu veilles sur moi, rien ne peut me nuire.
Seul le bon et le beau près de moi peuvent luire.
Mes anges gardiens viennent me soutenir.
Merci, qu'il en soit ainsi.

Cette prière est faite pour vous si vous ressentez le besoin d'être protégé pour diverses raisons.

La protection est un acte d'amour. Vouloir protéger quelqu'un, c'est faire preuve d'empathie et de compassion. Défendre est une manifestation de votre affection. À l'inverse, quand vous désirez être protégé, c'est vous qui avez besoin de vous sentir aimé, entouré de bienveillance. Même si, pour moi, vous êtes à chaque instant guidé et protégé, il peut vous arriver de ressentir ce besoin d'être en sécurité. Il est vrai que la vie peut paraître à certains moments froide, dure et violente. Rappelez-vous également que vous êtes une antenne cosmique qui reçoit continuellement des énergies et des émotions qui, souvent, ne vous appartiennent pas. Tout ceci peut engendrer de la peur et de l'anxiété. Vous sentir protégé vous immunisera de cela en vous permettant de vous détendre. Vous serez ainsi plus apte à entendre votre voix intérieure. Savoir et ressentir que vous bénéficiez d'une protection engendre d'autres bénéfices, comme un courage insoupçonné ou une nouvelle confiance en soi. Mais attention de ne pas rechercher une protection systématique : il n'est pas bon de vouloir vous protéger de tout, tout le temps. Vous surprotéger, c'est finir par vous renfermer sur vous-même. La surprotection révèle une peur profonde de l'insécurité et un manque important d'ancrage.

Prière de la rencontre

Source de toute vie,
Source de toute lumière,
Source de l'Univers,
Guide-moi vers les bonnes personnes.
Les opportunités, je réceptionne.
Que les rencontres éclairent mon chemin.
J'attire les âmes dont j'ai besoin.
Mes tête-à-tête changent mon destin.
À mes côtés des personnes qui me ressemblent.
Naturellement, on se rassemble.
Près de moi des personnes différentes.
Pour une vie stimulante.
Des rendez-vous sont prévus,
Cela m'aide à retrouver la vue.
Par des retrouvailles imprévues,
Cela fait que j'évolue.
Aux nouvelles têtes, je dis « bienvenue ».
Des contacts sont en route.
Pour me mener à l'écoute.
Des visites se rajoutent,
Cela enlève mes doutes.
De nouveaux alliés s'ajoutent.
Dans le bon comme dans le mauvais,
Mes relations m'aident à m'élever.
Des meilleurs, je suis entouré·e.
Merci, qu'il en soit ainsi.

Cette prière est faite pour attirer à vous les bonnes personnes et faire de belles rencontres.

Les rencontres sont inévitables. Au cours de votre vie, vous allez rentrer continuellement en relation avec l'autre. Vous allez bien sûr vous construire par vous-même, mais vous allez également vous améliorer au contact d'autrui. La rencontre, quelle que soit son origine, a un but d'élévation. Plus vous rencontrez d'individus, plus vous êtes dans un processus d'évolution. La rencontre entre deux personnes, c'est le contact entre deux mondes pour en créer un troisième, tout en fertilisant les deux premiers. Une rencontre, ce sont deux vérités distinctes qui créent une nouvelle réalité. Il peut y avoir des rencontres dites « miroirs », qui vont vous renvoyer une image de vous-même pour prendre conscience de certaines choses à accepter ou à travailler chez vous. Il y a aussi les rencontres que j'appelle « réconfortantes » : des relations qui vont vous rassurer, vous soutenir et vous booster. Ce sont, en général, des âmes qui vous ressemblent. On peut parfois même parler d'évidence lorsqu'il s'agit d'une âme sœur (attention, une âme sœur ne se situe pas forcément sur le plan sentimental). Mais il y a aussi des rencontres – que j'ai surnommées « les rencontres inconfortables » – qui vont vous bousculer, vous blesser et vous perdre. En général, il s'agit d'âmes à l'opposé de vous, qui viennent vous délivrer des clés que vous n'auriez jamais trouvées dans des rencontres confortables. C'est pour cela qu'il est important que vous compreniez qu'il n'y a pas de hasard et que tous les êtres qui viennent à vous sont des portes à ouvrir. Bonne ou mauvaise rencontre, c'est une étape de plus vers votre ascension.

Prière de la fécondité

Source de toute vie,
Source de toute lumière,
Source de l'Univers,
Que ton amour me fasse père/mère.
Je souhaite concevoir dans la matière.
Entends cette fertile prière.
Rends mon corps apte à concevoir.
Insuffle en mon cœur l'espoir.
Devenir parent est ma trajectoire.
En moi, tout est fécond.
L'énergie de vie me répond.
Fais de moi le nid de la fertilité.
Au plus haut est ma fécondité.
Dynamise ma sexualité.
Aucune chance à la stérilité.
Mon âme est prête à procréer.
Que, demain, je puisse enfanter.
Un enfant est alors engendré.
J'appelle ce noble moment.
Déclenche un accouchement.
J'attends ce tendre enfant.
Permets un bel avènement.
Tout en moi est création.
Tout mon être est éclosion.
Mon énergie en effervescence.
Bientôt une naissance.
Merci, qu'il en soit ainsi.

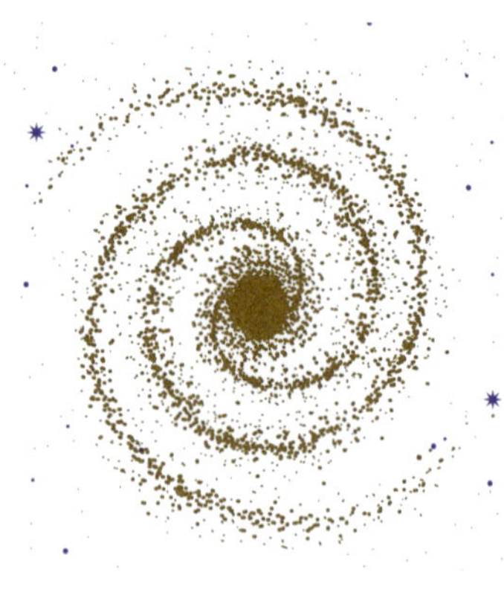

Cette prière est faite pour vous si vous cherchez à avoir un enfant et que votre fertilité a besoin d'être stimulée.

Les enfants sont un héritage précieux pour le monde de demain. Oui, ils sont un espoir et en même temps un défi. Vos fils et vos filles, même s'ils sont dépendants de vos soins durant les premières années de leur vie, ne sont pas entièrement les vôtres. Ils sont les enfants de l'Univers, les descendants de la lumière et les héritiers de la source. Ils ne vous appartiennent pas, ils s'appartiennent. Leur dépendance à votre égard est ponctuelle et n'efface en rien l'indépendance éternelle de leur âme. Vous avez le don de donner la vie, mais vous n'en êtes pas maître pour autant. Votre enfant n'est pas une meilleure version de vous-même, une solution pour votre couple ou la clé de votre épanouissement. Il est une graine que vous semez avec amour et générosité pour faire fleurir ce monde. C'est un cadeau que vous faites pour l'avenir de l'humanité. C'est une étincelle qui continue à alimenter le feu de la vie. Car la vie ne meurt pas, elle se transmet d'âme à âme et de monde en monde. La vie se consume pour que ses cendres puissent offrir une renaissance. Accoucher, mettre au monde, donner naissance rassemblent la magie de votre vitalité biologique et le miracle qu'est votre corps. Cela exprime votre essence profonde de créateur divin. Et votre rôle de parent, avant même de protéger, d'éduquer et de transmettre, consiste à aimer inconditionnellement. Mais il est vrai que nous ne sommes pas tous destinés à devenir parents par la chair et le sang. Et cela peut être douloureux, mais cette souffrance ne doit pas vous empêcher de donner la vie sous d'autres formes. Créer, produire, réaliser, construire : il y a tant de manières d'insuffler la vie en vous et chez les autres. Chaque jour, et à chaque instant, vous pouvez devenir parent en stimulant la vie chez autrui. Vous avez la possibilité de faire grandir tant d'âmes perdues et de prendre soin de tant de personnes comme vos propres enfants. Être mère ou être père ne réside pas dans le sang, mais dans le cœur. L'humanité est votre enfant.

La prière est une conversation avec l'Univers pour faire briller l'étoile que tu es.

Remerciements

Je remercie de toute mon âme ma mère d'être ma source de vie, ma source de lumière et la source de mon univers. Je suis plein de gratitude pour la force qu'elle m'a transmise et qu'elle me transmet encore aujourd'hui. Merci maman d'être le soleil de mes jours et l'étoile de mes nuits.

Je remercie de tout mon cœur toute ma famille pour la liberté qu'elle m'a offerte et pour l'amour sans condition et sans limites qu'elle m'a donné.

Merci à ma mamie Marie, merci à ma marraine Sylviane, merci à ma tatie Séverine, merci à mon cousin Anthony, merci à ma sœur Nadège et merci à mes frères Grégory et Rodolphe. Merci pour votre sagesse et vos valeurs qui font partie de moi.

Je remercie mes amis d'hier et d'aujourd'hui, proches et lointains, de m'avoir toujours accepté, accueilli, soutenu, protégé, écouté, compris et réconforté. Votre présence dans ma vie me fait grandir pour mon plus grand bonheur.

Je remercie ma communauté, des amours qui font briller par leur enthousiasme et leur fidélité mes projets et ma créativité.

Je remercie ma maison d'édition Eyrolles, et plus particulièrement Joanne et toute son équipe pour leur confiance et leur bienveillance. Merci de croire en moi.

Enfin, je remercie la vie et l'Univers pour sa générosité ! Merci pour le bon, le moins bon, les joies et les peines qui ont fait ce que je suis aujourd'hui, et j'en suis fier.

Gratitude et reconnaissance éternelles !

Merci infiniment à tous !

Dimitri

FSC
www.fsc.org
MIXTE
Papier issu de
sources responsables
FSC® C105545

Achevé d'imprimer en octobre 2023
En Croatie par GZH

Dépôt legal : novembre 2023

Cet ouvrage est imprimé sur un papier offset 90 g.